JN412272

이미지로 **전도**하는
꿈의교회

이미지로 전도하는
꿈의교회

교회성장연구소

CONTENTS

꿈의교회, 지역 사회로 울타리를 넓히다

꿈의교회의 4단계 전도 전략

각 교회에 적용할 수 있는 전도 사역 매뉴얼

머/리/글

성도와 불신자 모두가 행복한 '꿈의교회'

전도가 날로 어려워지고 있다. 기독교에 대한 불신자들의 반감은 갈수록 심해지고, 여전히 전통적인 방식에 머무르고 있는 전도 방법은 불신자들의 닫힌 마음의 문을 열기에는 역부족이다. 그나마 대형 교회는 형편이 조금 낫다. 유명 담임목사의 설교로 인한 수평 이동, 성도들의 다양한 인맥에 힘입은 전도 등으로 조금씩이나마 계속 성장해 가고 있다. 이러한 이유로 중소형 교회의 입지는 점차 줄어들고 있는 것이 현실이다.

그런데 여기 단 한 명의 교인도 없이 시작한 한 교회가 개척 16년 만에 성도 1만 명을 넘기면서 부흥의 새 기록을 써나가고 있다. 바로 '새안산레포츠교회'라는 이름으로 시작한 '꿈의교회'다.

꿈의교회의 주목할 만한 성장에는 적극적이고 전략적인 불신자 공략이 큰 몫을 했다. 꿈의교회를 개척한 김학중 담임 목사는 그동안 어느 교회에서도 시도한 적이 없는 방법으로 '레포츠'라는 요소를 도입했다. 레포츠를 통해 지역 주민들에게 한 걸음 더 가까이 다가가면서 지금의 교회 성장을 이룰 수 있었다. 처음에는 왠지 낯설게 느껴졌지만 이 새로운 시도는 차츰 주민들로부터 환영 받게 되었고, 결과적으로 그것이 교회의 긍정적인 이미지를 심어 복음 전달이 성공하기에 이르렀다.

레포츠와 교회의 접목이 다소 생소할 수도 있다. 그러나 이미 꿈의교회는 주민들에게 명소로 자리 잡았을 만큼 지역 사회에 공헌하는 바가 크다.

이러한 꿈의교회의 차별화된 전도 방식은 대중 매체의 소개와 주변의 입소문 등을 통해 세상에 알려지기 시작했다. 그리고 이미 많은 교회들이 문화 사역 혹은 레포츠 사역이라는 이름으로 새로운 21세기형 전도 방법을 실천하고 있다.

이 책은 이러한 종류의 새로운 사역을 도입하려는 교회에 효과적인 매뉴얼을 제시하고자 꿈의교회의 모든 노하우를 담아냈다. 단순히 현재의 성장한 결과만을 보여 주는 것이 아니라 각 단원을 통해 성공적인 사역의 배경과 과정, 세부 사항을 속속들이 공개한다. 먼저 Part 1에서는 '꿈의 교회의 개척부터 성장까지' 그동안 짤막한 기사에서는 담아낼 수 없었던 풍성한 이야깃거리를 싣고 있다. Part 2에서는 '꿈의교회의 4단계 전도 전략'을 자세히 알아본다. 일반인들에게는 레포츠 교회로만 알려져 있으나 사실 꿈의교회가 시도한 전도 방법은 훨씬 다양하고 보다 전략적이라는 것을 확인할 수 있다.

Part 3에서는 그동안 공개되지 않았던 '전도 사역 매뉴얼'을 소개한다. 이를 통해 전도 사역 매뉴얼이 정착되지 않은 중소형 교회에 큰 도움이 될 것으로 기대된다.

본서는 이처럼 꿈의교회의 획기적인 전도 전략을 알기 쉽게 전달함으로써 변화와 성장을 갈구하는 수많은 침체된 교회에 단비가 되어 줄 것이다.

이는 한국의 모든 교회가 부흥하길 바라는 꿈의교회의 따뜻한 배려가 있었기에 가능한 일이다. 꿈의교회의 바람처럼 21세기에 어울리는 차별화된 전도법을 통해 모든 교회가 기독교에 대한 긍정적인 이미지를 회복하고 한국 교회의 제2의 도약을 이루어 내는 데 동참할 수 있기를 소망한다.

지역 주민들과 함께 호흡하며

지역 사회의 새로운 문화의 장을 열어 가고 있는 꿈의교회,
그리고 그곳 성도들의 소중한 땀방울로 이룬 교회 성장의 꿈과 같은 열매들…….
이 단원에서는 꿈의교회의 개척 초기부터 오늘에 이르기까지
생생한 성장 스토리에 대해 나누고 있다.
그들의 차별화된 전도 전략 그리고 지역 사회와 함께하는 교회를 만들고자 한
김학중 목사의 목회 철학에 대해 알아보자.

Part / 1

꿈의교회, 지역 사회로 울타리를 넓히다

Chapter 1

꿈의교회의 개척부터 오늘까지

꿈의교회는 1993년 12월, 안산의 주택 지역인 본오동에서 개척되었다. 그곳은 일명 '교회 골목' 이라 불릴 만큼 주변이 온통 교회로 가득 찬 곳이었다. 아무런 연고도 없는 곳에서 지하 예배당을 만들어 시작한 꿈의교회의 초창기는 생존을 위한 몸부림 그 자체였다고 할 수 있을 것이다. 그 어떤 기반도 없었기 때문에 교회로서는 전도에 더욱 열정을 쏟을 수밖에 없었다.

개척 초기에 철저한 지역 조사를 바탕으로 필요 중심의 전도를 펼치면서 성장을 거듭한 꿈의교회는 지역 사회를 대상으로 이미지

메이킹을 실현함으로써 교회라는 곳을 언제 어디서나 쉽게 다가설 수 있는 친근한 장소로 변모시켰다. 그리고 문화 매체와 다양한 이벤트, 지역 사회를 위한 봉사를 통해 주민들에게 점점 더 가까이 다가설 수 있었다. 이러한 전도 중심의 목회는 성도들에게 전도의 동기를 부여하고 동력을 제공해 주는 역할을 톡톡히 했다. 그 결과 평신도들을 대상으로 한 전도 교육이 활성화되었고 다양한 전도대의 조직을 통해 보다 활발한 전도를 전개하며 기쁨의 열매를 맺을 수 있었다.

교인 한 명 없이 개척을 하다

요즘은 개척 교회라고 해도 완전히 무에서 유를 창조하는 경우가 드물다. 예전에 사역하던 곳의 성도가 도움을 주러 오거나 친인척과 지인들의 도움을 받는 등 아무리 적어도 한두 명의 성도로 개척을 시작한다.

그러나 꿈의교회는 부부 단 둘이서 목회를 시작했다. 교인 한 명 없이 완전한 무에서 시작한 것이다. 그렇게 개척한 꿈의교회는 당시 전도사였던 김학중 목사가 직접 만든 전도지와 주보를 가지고 주변 주택과 아파트, 상가를 다니며 전도를 시작했다. 낮과 밤을 불문하고 하루에 수백 장에서 수천 장의 전도지를 나눠 주거나 현관에 붙이고 다녔다.

개척 때부터 꿈의교회 전도지는 다른 교회와의 차별화를 위해 알찬 내용을 싣는 것은 물론이고 그 형식에 있어서도 보기에 좋도록 심사숙고하여 만들어졌다. 다소 천편일률적인 전도지와 주보에서 벗어나 교회에 다니지 않는 사람들도 읽으면 좋을 만한 내용을 실었다. 일반적인 복음 제시형 전도지에 교회 이름을 넣어 인쇄한 것이 아니라 독창적인 내용과 구성으로 세상에 하나밖에 없는 색다른 전도지를 만든 것이다. 개척한 직후라 교회 재정도 부족한 상황이었지만 전도지만큼은 늘 넉넉하게 만들어 사용했다.

김 목사는 교회가 위치했던 본오동의 인구 조사에도 나서게 된다. 그 당시 신도시로 급격하게 확장되고 있던 안산시는 전입 인구가 빠른 속도로 증가하고 있었다. 김 목사는 동사무소 직원의 협조를 얻어 연령별, 고향별, 학력별, 직업별로 주민들을 분석하고 그 데이터를 정리하여 목회의 방향과 슬로건을 설정했다. 그렇게 탄생한 것이 바로 '삶에 희망을 주는 교회'였다.

인구 조사는 목회의 방향 설정을 넘어 더 많은 것을 가능하게 해주었다. 그는 새로 전입한 주민들에게 집중적으로 꿈의교회의 주보를 전하기 시작했다. 우편 발송 시 수신인이 개인 정보 유출로 의심해서 불쾌하게 생각할 우려가 있어 그 많은 집들을 직접 돌며 우편함에 주보를 넣었다. 이 주보를 본 주민들 가운데 집에서 멀리 떨어진 교회에 다니던 성도들은 꿈의교회의 저녁 예배와 새벽 예배에 참석하기도 했고 아예 새로 등록을 하기도 했다. 발품을 팔아 집집마다 배달하던 주보는 수많은 기존 교회들 사이에서 어렵게 개척을 시작한 꿈의교회가 주민들의 마음을 얻는 데 큰 역할을 한 보물이었다.

전도에 동력을 가하다

교회가 성장하면서 늘어난 성도 수에 맞춰 성전도 새롭게 짓게 되었다. 그 과정에서 꿈의교회는 보다 조직적인 체계를 갖추게 된다. 그전까지는 담임 전도사가 혼자서 모든 것을 다 이끌며 전도했다면, 성장기부터는 담당 목회자를 두어 전도대원들을 훈련하고 조직하는 사역을 시작했다. 이는 목회의 우선순위를 영혼 구원에 두고 교인들에게 끊임없이 전도의 동력을 제공한 결과였다.

그리고 전도를 할 때 무조건 발품만 파는 것이 아니라 '지역 사회 밀착형 전도'를 실행에 옮겼다. 지역 사회의 필요를 찾고 그곳의 문화와 분위기를 선도하면서 그렇게 전도의 지평을 넓혀 나갔다.

대표적인 예로, 안산에서 처음으로 '열린 음악회'를 유치하여 주민들의 문화적 욕구를 충족시켰다. 또 '3:3 길거리 농구 대회'를 주관하여 수개월 동안 안산 청소년들에게 문화적 대안을 선사한 성과를 꼽을 수 있다. 이미 개척 때부터 작게나마 시작된 이웃을 위한 문화 행사(음악회, 간증 집회 등)는 보다 다양하고 재미있고 관심사가 될 만한 문화적 이벤트로 지역 사회 내에서 인기가 많았다.

당시 꿈의교회는 교인들과 주변 이웃들의 사랑방과 기도처로 24시간 개방된 공간이었으며 늘 북적거렸다. 나중에 교회가 신도시로 이전하자 본오동 주택가가 한산해지고 이로 인해 주변 상인들이 매출 하락으로 울상을 지었을 정도라고 한다.

개척 초기부터 지켜 온 지역 사회와 함께 간다는 목회 철학대로 지금도 꿈의교회는 지속적인 봉사 활동을 진행하고 있다. 첫째로 대부분의 지역 주민들이 전철을 이용하여 출퇴근하는 점을 고려해서 안산시에 있는 전철역마다 쉼터를 만들어 오가는 길에 휴식을 취할 수 있도록 했다. 둘째로 지역 사회를 위한 무료 급식 사역을 펼치고 있다. 매주 목요일마다 50여 명의 노인들에게 식사를 제공하고 있는데, 특히 이 사역에는 다른 사역에 잘 동참하지 않는 성도들도 적극적으로 참여하여 헌금과 일손으로 돕고 있어서 사역 자체는 물론 교인의 성장과 관리에도 도움이 되고 있다. 셋째로 꿈의교회는 본래 이벤트가 많고 외부 인사나 인기인을 초청하는 경우도 많지만 기회가 있을 때마다 좀 더 다양한 단체나 사람들을 초청하기도 한다. 예를 들면 크리스마스 시즌에 청각 장애인 뮤지컬 팀을 초청하여 그들의 공연을 통해 은혜를 나누고 도움을 주었던 행사가 그런 것이라 할 수 있다. 이 밖에도 미용 선교, 탈북자 선교 등을 통해 사회적으로 음지에 속한 사람들을 지지해 주며 섬김의 손길을 넓혀 가고 있다.

꿈의교회의 성도가 200여 명이었던 무렵, 교인 전체가 동원되어 10만 장의 전도지를 한 달 내내 뿌리며 안산을 향한 전도의 열정이 일어났던 때가 있었다. 사실 10만 장을 뿌린다고 해서 10만 명이 온다는 보장은 없다.

김학중 목사는 10만 장의 전도지를 만들면서도 그 전도지로 인해 많은 교인이 새로 왔으면 좋겠다는 생각은 그다지 하지 않았다고 한다. 그 대신 교인들이 열심히 전도지를 배포하면서 스스로 영혼 구원을 위해 일한다는 보람을 느끼게 되는 것을 목적으로 삼았다. 교인들 역시 땀 흘리고 노력한 데서 뿌듯함을 느꼈기 때문에 전도 활동 후에 새로운 사람이 얼마나 왔는지 크게 신경 쓰지 않았다. 교인들이 하나님의 일을 하면서 은혜를 받고 체험하고 보람을 느낀다면 그것만큼 좋은 열매도 없다고 생각했기 때문이다. 이러한 사역들을 계기로 교회 내부에 자연스럽게 매일 모이는 전도대가 결성되었고 성도들의 숨겨진 전도 은사가 개발되어 지금과 같은 교회로 성장할 수 있었다.

신도시 개발과 교회 이전 그리고 새로운 도전

2000년부터 신도시 아파트 개발에 따른 입주가 시작되었다. 꿈의교회는 신도시 개발에 따른 교회 이전을 착실히 준비하여 천신만고 끝에 현재의 종교 부지를 얻게 되었다. 성전 건축에 앞서 먼저 이전할 부지에 조립식 가건물을 지었고(고잔 성전이라 호칭), 고잔 성전에서는 입주 아파트 전도를 위한 체제를 갖추어 독립적인 예배를 드리기 시작했다. 이 시기에 꿈의교회에 부임한 홍병수 목사는 고잔 성전에서의 모든 목회 역량은 다 전도에 쏠려 있었다고 해도 과언이 아니라고 그 당시를 회상한다. 그 시기에는 목회자뿐 아니라 전 교인이 거의 매일 현장에서 조별로 나뉘어 전도를 했다. 입주하는 가정마다 봄에는 화분과 꽃씨를, 여름에는 생수를, 가을과 겨울에는 주방용품을 나눠 주면서 전도에 힘을 쏟았다.

꿈의교회의 전도는 현장 중심의 전도다. 현장에서 무엇이 필요한지, 전도 대상자들을 어떻게 만나고 어떻게 대해야 하는지를 그곳의 상황에 맞게 실전 중심으로 교육하고 피드백을 반영한다. 교실에 얌전히 앉아서 배우는 이론 중심의 교육보다는 전도 현장에서 실제 경험을 통해 자신감을 갖고 전도 방법들을 체득해 가도록 한다. 그래서 꿈의교회의 전도대원들을 보면 대부분이 난생처음 전도해 본 사람들이다.

일례로 K권사의 이야기를 들어 보겠다. K권사는 서울에서 살다가 2001년에 안산으로 이사를 오면서 꿈의교회에 나오게 되었다. 당시에는 집사였던 K권사는 서울의 유명한 교회를 다니면서 여러 가지 교육과 봉사를 해왔지만 한 번도 전도에 관해 교육을 받거나 전도를 실제로 해본 적은 없었다.

그런 K권사가 꿈의교회에 출석하면서 전도를 시작하게 된 것이다. 처음에는 그저 시키는 대로 몇 번 따라 하기만 할 뿐 별 관심이 없었고 사실 그다지 하고 싶은 마음도 없었다고 한다.

그런데 담당 전도사가 계속해서 전도 권역을 주고 자신을 불러내서 함께 전도하는 시간이 많아지면서 전도에 대한 무관심과 두려움이 사라지기 시작했고 차츰 자신감이 생기기 시작했다. 그러면서 어느 순간 영혼에 대한 사랑의 마음이 그녀를 사로잡았고 이제 그 누구보다도 맹렬한 전도자가 되었다.

다음은 K권사의 간증이다.

저는 아주 오랜 세월 신앙생활을 한 사람입니다. 그동안 성경 공부도 많이 하고 교회의 여러 가지 프로그램에 참여하면서 신앙을 키워 왔습니다. 전통 깊은 교회에서 많은 교우들과 함께하면서 이제는 어느덧 후배가 아닌 선배의 자리에 서게 될 나이가 되었습니다. 그런데 갑자기 하나님은 저를 지금까지의 삶의 터전이었던 서울을 떠나 안산으로 가게 하셨습니다. 전혀 예상치 못한 일이었기에 한동안 정신을 차리지 못했고 신앙에 있어 방황을 하기도 했습니다. 안산의 모든 환경이 제게는 너무도 낯설었습니다. 남편과 가족을 제외하고는 아는 사람이 하나도 없어 그야말로 황무지 같은 곳이었습니다. 그러다가 꿈의교회를 만나게 되었고, 다시금 방황을 멈추고 교회를 통해 안산 땅에 정착하게 되는 길이 열렸습니다.

꿈의교회에서의 삶은 내 안에 또 다른 내가 있음을 발견하게 해주었습니다. 솔직히 말해서 그전까지는 전도를 해본 적도 없었고, 하려는 의지도 없었습니다. 전도를 다른 사람의 은사로 여겨서 제게는 다른 사명이 있겠거니 하고 생각했던 것입니다. 그런데 꿈의교회가 강력한 의지로 전도의 현장에 저를 세웠고, 좋은 동역자와 함께 전도의 묘미에 빠지게 되었습니다.

이렇게 전도를 하면서 세운 몇 가지 실행 원칙이 있습니다. 첫째, 만나는 모든 사람이 전도 대상자다. 둘째, 나는 그저 교회를 알리고 복음을 전하는 자에 불과하다. 셋째, 전도 대상자 리스트에 한번 올라가면 반드시 그 영혼은 하나님께로 인도된다. 이 원칙들은 마치 지역구를 관리하는 국회 의원 같다는 생각이 들기도 합니다.

제 전도 방법은 이렇습니다. 매일 아파트 주변을 돌아다니면서 자주 만나는 사람들의 이야기를 귀 기울여 들어 주고 기도 제목을 적어 놓습니다. 이 기도 제목에 근거하여 계속 관심을 가져 주면 사람들이 제게로 끌려오는 것을 느낄 수 있습니다.

그리고 아파트의 변화에 민감해야 합니다. 주민들이 이사를 나가고 또 새로 들어오는 현황을 잘 파악하여 발 빠르게 대처하는 것이 필요합니다. 이를 위해 아파트 통장을 자임하고 나섰습니다.

자신을 알리는 것도 중요합니다. 우리 아파트 주민들은 대개 저를 알아봅니다. 고민거리나 문제가 있을 때 제게 찾아와서 상담을 하기도 하는데, 그런 작은 부분들을 통해 꿈의교회의 이미지를 심고 있습니다. 그동안의 노력 덕분인지 때로는 다른 교회의 교인이 제게 전도 대상자를 붙여 주기도 합니다.

꿈의교회는 신화적인 교회 성장과 부흥의 과정을 거치면서 보이지 않는 고비들을 많이 만났다. 주변 이웃들의 행패, 교인들 간의 분열, 담임 목사에 대한 도전, 부목회자의 배신, 주변의 시샘과 견제, 뜬소문과 오해 등 많은 고초를 겪었다. 그러나 꿈의교회 교인들은 교회의 목회 철학과 정체성, 비전과 사역에 동의하고 만족하며 이와 같은 과정들을 슬기롭게 극복해 왔다.

꿈의교회의 전도 전략은 각각의 상황과 필요에 따라 운용 방식을 달리하면서 접근하는 것이다. 이른바 진화해 가는 방식이다. 꿈의교회는 똑같은 방식, 똑같은 내용을 지양하고 계속해서 상황에 맞는 전도, 좀 더 영역을 넓혀 가는 전도를 지향한다. 그리고 매해 전도의 초점과 목표 슬로건이 달라진다. 전도를 위해 교회가 새로워지지 않으면 안 되기 때문에 이는 끊임없는 자기 변화의 몸부림인 것이다.

전도 위주의 목회 방침에 대해 교인들이 처음부터 환영하고 나섰던 것은 아니다. 신도시 아파트 입주 시기부터 4년여 동안은 그야말로 벌 떼 작전처럼 너 나 할 것 없이 전도에 매달려야 했다. 이로 인해 많은 교인들이 지쳐 갔다. 또 이미 입주한 아파트는 통제가 극심해 전도하기가 쉽지 않았다. 이런 전도 지향적인 교회에 부담을 느껴 힘들다며 안정적이고 편안한 교회로 떠난 교인들도 상당수 있었다. 그럼에도 불구하고 전도의 기회를 놓치면 안 되겠기에 이들을 상담하고 심방하며 두세 배의 목회 역량을 쏟고 또 전도했다. 그 과정에서도 교인들 사이에서 불만의 소리는 점점 높아 갔다.

그런 가운데 어느 정도 입주기가 지난 다음 교회는 목회 여러 분야의 안정화를 도모하는 동시에 전도의 집중화를 꾀했다. 영육과 심신이 많이 지쳐 있는 교인들을 영적으로 위로하고 훈련하는 일에 우선순위를 두면서 개별화와 집중화된 전도 전략으로 위기를 극복했다.

개별화란 전도 은사자들을 소수 정예화하여 그들의 사역을 더욱 강화시키면서 동시에 각 지역(교구)별로 전도대원을 모집하여 운영하게 하는 것이다. 이전까지는 전도 본부가 총괄했던 방식을 버리고 새로운 체제를 채택함으로써 지역 전도가 지속될 수 있도록 이끌었다.

집중화란 교회의 전도 붐 형성을 통해 교인들을 동력화하고 필요시에(간간히 입주하는 아파트를 대상으로 하는 전도 시, 전도 축제인 생명축제 시 등) 집중적으로 함께하는 전도 방식이다.

이렇게 2년여 동안 달려오다가 잠시 쉼표를 찍으며 한숨 돌린 후에 뜻밖의 상황을 맞게 되었다. 꿈의교회는 그동안 매주 꾸준히 새가족들이 전도되어 매년 그 수가 증가해 왔다. 그런데 2년여가 지나면서 새가족의 수가 줄어들기 시작했다. 이전보다 더 성장할 만한 여러 요소가 갖춰졌음에도 불구하고 적신호가 켜진 것이다. 여러 가지 원인을 진단하고 대책을 논의했다. 그 결과 전도 사역에서 가장 중요한 원인을 찾았다. 교인들이 더 이상 전도를 하지 않게 된 것이었다. 편안함에 익숙해지고 전도에 별다른 동기를 부여 받지 못하자 그 결과가 2년여가 흐른 뒤에 나타나기 시작했던 것이다.

이 문제를 타개하기 위해 다시 전 교회적인 전도 동력 실행에 초점을 맞춘 계획이 수립되었다. 이때 출범한 것이 바로 '3만총력전도운동본부'다. 기독교대한감리회(꿈의교회 소속 교단)에서 실행하고 있는 300만총력전도운동을 계승한 것이다. 감리 교회 전도 운동의 1%를 감당하자는 취지에서 3만총력전도운동본부가 전 교회적인 전도 사역을 수립하고 실행하는 주체가 되었다. 그리고 그때부터 365일 연속 전도, 전도 1인 1사역 운동, 자발적인 전도대 결성이 본격화되었다. 그리고 현재는 3만총력전도운동의 지평을 전 안산으로 넓혀 '안산의 성시화 운동'을 진행하고 있다.

이 모든 것은 전도가 한순간의 방심도 허락하지 않는다는 것을 깨닫고 끊임없이 지속시켜야 함을 의미한다. 또 전 교인이 전도의 미션에 자발적으로 동참할 수 있는 명분과 의미, 그리고 방향을 제시하는 것임을 뜻한다.

2006년부터는 매해 전도의 목표와 비전을 전 교회적으로 선포하고 이에 따른 실행 계획을 진행해 나가고 있다. 2008년 목표는 '가자, 3만총력전도운동으로! & 전도의 1인 1사역'이었으며, 2009년 목표는 '안산의 성시화, 꿈의교회가 선도합니다'로 정하고 안산을 전도 대상으로 삼고 온 성도가 기도와 전도에 힘쓰고 있다.

핵심 note

1. 버리지 않는 전도지를 만들라

   불신자들이 관심을 갖는 건강, 성공, 문화 등 다양한 읽을거리를 제공하고, 거기에 복음을 적절히 섞어 버려지지 않는 전도지를 만든다.

2. 지역 불신자들에 대한 데이터 베이스를 구축하라

   지역 주민들의 연령, 고향, 학력, 직업 등을 분석하고 그 데이터를 바탕으로 전도 대상과 방향 등을 전략적으로 설정한다.

3. 불신자들과의 다양한 접촉점을 마련하라

   전철 내에 비상용 우산과 전도지를 비치하고, 택시 운전사들에게 음료수를 제공하는 등의 다양한 방식을 통해 불신자들과의 만남을 넓히는 '찾아가는 복음 전도자'가 되어야 한다.

Chapter 2

불신자가 좋아하는 꿈의교회

꿈의교회의 전도 과정을 살펴보면 다음의 세 가지 중요한 요소를 발견할 수 있다.

첫 번째는 접촉점이다. 교회의 모든 부분이 전도를 위한 접촉점이 된다. 따라서 꿈의교회는 특히 불신자와의 접촉에 관심을 기울인다. 교회 건물, 프로그램, 예배, 모임, 교인, 전도지, 행사, 목회자 등 기독교적인 요소들, 즉 교회적인 모든 것이 이미 접촉점이 되는 것이다.

두 번째는 이미지다. 접촉된 부분들을 통해 만들어진 기독교의 이미지 혹은 개교회의 이미지는 불신자의 마음을 움직이는 계기가 된다. 최근 일반인들 사이에 교회에 대한 반감과 오해 등 부정적 이미지가 상당하다. 이를 개선하고 극복하지 못한다면 전도의 방법과 과정은 극히 제한될 수밖에 없다. 꿈의교회는 주변 사람들에게 이러한 부정적인 면을 불식시키고 긍정적인 이미지를 심어 주기 위해 늘 최선을 다해 왔다. 그 결과 교회 주변 지역의 주민들이 조금씩 교회를 궁금해 하기 시작했으며, 차차 지역 사회에서 인정받게 되었다. 또한 뭔가 신선하고 창의적인 돌파구를 제공해 줄 만한 교회라는 이미지를 얻게 되면서 각자의 삶의 특별한 계기를 통해 노력한 만큼의 결과를 수확하고 있다.

세 번째는 효과다. 이 효과는 즉각적이지는 않다. 그러나 꾸준히 형성된 긍정적인 이미지는 불가능하게 여겨지는 많은 것들을 가능하게 만든다. 광고의 홍수 속에 살아가는 현대인들에게 전도는 쉽지 않은 일이다. 개개인의 마음의 문을 열기에 앞서 그들의 현관문을 열기도 힘든 것이 요즘의 상황이다. 그런 면에서 보자면 '꿈의교회'라는 이름은 일단 사람들에게 비교적 호감을 주며 다가갈 수 있다. 또 이름만 호감을 주는 것이 아니라 그들에게 필요한 정보를 자신 있게 전할 수 있기에 전도자도 당당하다. 사실 복음을 전하는 것만큼 가장 절실한 선물도 없지만 그러한 인식은 전반적으로 부족한 편이다. 이렇다 보니 전도자들이 당당해야 하는데도 실제로는 그렇지 못한 것이 현실이다.

꾸준히 지역 사회의 필요를 채우고 문화에 일조해 오면서 쌓아 올린 교회 이미지는 불신자들이 개인적으로 '필요'를 느낄 때 찾아

오게 만드는 길잡이가 된다. 실제로 꿈의교회 새가족의 절반 이상이 교회에 처음 나오는, 세례를 받지 않은 초신자들이다.

꿈의교회가 말하는 전도 전략

꿈의교회는 개척 초기부터 전도에 주력해 왔다. 그리고 주변 조사를 통해 지역적 특성에 적합한 나름대로의 전도 전략을 수립했다. 특히 꿈의교회는 불신자가 좋아할 만한 전도 전략을 세우는 것에 더욱 많은 노력을 기울이고 있다.

차별화된 전도 전략을 세우라

현대인은 건강, 웰빙, 행복, 교육 등 다양한 관심사를 가지고 있다. 이러한 관심사들은 크리스천뿐 아니라 불신자들에게도 해당되는 사항이다. 따라서 전도 전략을 세울 때 중요한 것은 불신자들이 관심을 가질 만한 요소들을 배치해 그들이 자발적으로 교회에 찾아오도록 하는 것이다. 그 대표적인 예가 바로 레포츠 센터와 문화 센터다.

꿈의교회는 음악회, 클래식 연주회, 자녀 교육 세미나 등 다양한 교회 내 문화 행사를 지역 주민들과 함께 해왔다. 교회 내에 동물원을 조성하여 도심 속 어린이들에게도 색다른 즐거움과 기쁨을 주고 있다. 멀리 동물원을 찾아가야만 볼 수 있었던 원숭이, 공작새, 말, 토끼 등 다양한 동물들을 가까운 교회에서 볼 수 있다는 사실이 지역 주민들에게는 신기하면서도 우호적인 이미지를 형성하는 데 큰 작용을 했다. 다소 생소한 듯하지만 이러한 시도를 통해 교회가 중심이 되어 지역 사회의 새로운 문화를 만들고 있는 것이다. 이런 노력들로 인해 많은 사람들이 꿈의교회에 관심을 갖고 지켜보게 되었다. 그래서인지 교회 등록 카드의 인도자란을 살펴보면 '수영장, 체육관, 토끼, 원숭이' 등과 같은 타 교회의 등록 카드에서는 볼 수 없는 단어들을 심심찮게 접하게 된다.

앞서가는 전도가 필요하다

색다른 전도지와 전도용품을 사용하는 것도 중요한 방법 중 하나다. 꿈의교회는 보편적인 전도지가 아니라 시대와 상황에 맞는 전도지를 개발하여 사용하고 있다. 기존 전도지의 판형에 국한되지

않은 형태의 전도지, 복음 제시 중심의 전도지가 아니라 불신자들이 부담 없이 읽어 볼 수 있는 전도지를 개발한 것이다. 지금은 한국 교회에 이런 것들이 보편화되었지만, 꿈의교회는 그 이전에 이미 그러한 전도 마인드를 앞서 시행해 왔다.

전도지를 받은 사람들이 결코 버리지 못할 눈에 띄는 전도지를 준비해 보자. 버스 노선표, 근처의 공공장소나 관공서 안내, 현대인의 관심사와 유익한 정보(자녀 교육, 건강, 성공 등)는 지역 주민들에게 유용하게 사용된다. 따라서 꿈의교회는 '버릴 수 없는 전도지'를 만들어 사람들이 그것을 보관하면서 계속 사용하도록 유도하고 있다.

지금 우리는 전도지 또는 홍보 전단지의 홍수 속에 살고 있다. 그 속에서 사람들의 관심과 눈길을 끌기 위해서는 복음을 전하는 매체 또한 변화해야 한다. 생각 끝에 사람들이 편하게 받아 볼 수 있는 신문을 통한 전도를 택했다. 꾸준히 우리 신문을 찾는 독자층이 형성될 정도의 수준 높은 월간 신문을 만들고자 했다. 이를 통해 교회 홍보와 교회에 대한 긍정적인 이미지를 지역 사회에 전한다는 소기의 목적을 달성하려는 의도였다. 간접적이긴 하지만 신문은 꿈의교회를 알리는 데 효과적인 매체임이 분명했다.

삼겹줄 전도로 균형을 잡아라

꿈의교회의 전도는 어느 한 가지 방법만을 고집하지 않는다. 꿈의교회의 전도법은 전도 대상자를 3중 구조로 에워싸는 '삼겹줄 전도' 시스템이다. 이 전도 시스템을 통해 전도의 전체적인 균형과 집중력을 유지하게 된다.

전도의 범주는 다음의 세 가지(삼겹줄 전도)로 나눌 수 있다. 삼겹줄 전도란 한 영혼을 구원하기 위해 '삼겹'으로 된 그물을 내려 그 그물에 걸린 모든 영혼을 구원하기 위한 전도 전략으로, 이미지 전도, 방문 전도, 소그룹 전도가 그것이다.

그 첫 번째인 이미지 전도는 기독교나 교회에 대한 좋은 이미지를 심어 주어 교회의 존재를 알리고 복음이 불신자들에게 자연스럽게 받아들여지도록 하는 방법이라 할 수 있다. 다음으로 방문 전도는 불특정의 불신자들에게 적극적으로 다가가 직접 복음을 듣게 하고 결단하도록 동기를 부여하는 전도법이다. 마지막으로 소그룹 전도는 소그룹(속회, 셀) 전체가 전도 대상자를 사랑으로 섬김으로써 감동을 주고, 삶과 신앙의 모델이 되어 거룩한 영향력을 끼치며, 결정적으로 결신하도록 이끄는 방법이다.

이 세 가지 전도법을 통해 결국 불신자들은 여기저기서 꿈의교회를 접하게 된다. 가랑비에 옷 젖는 줄 모른다는 속담처럼 부지불식간에 꿈의교회에 대한 호감, 그리고 전도의 수많은 기회와 계기를 제공 받게 되는 것이다.

이 삼겹줄 전도 방법은 한 명의 전도자를 통해서도 실현된다. 하나의 전도 방법에만 매달리지 않으며 모두가 삼겹줄 전도 방법을 활용하게 한다. 실제로 꿈의교회는 모든 교인에게 위의 세 가지 전도 방법을 다 경험할 수 있도록 기회를 제공하고 독려한다. 오늘도 수백 명의 교인들이 곳곳에 흩어져 이 삼겹줄 전도를 실천하고 있다.

풋워크(발품의 헌신)와 네트워크(팀워크)의 조화

전략적인 전도 방법과 획기적인 아이디어로 불신자들의 마음을 얻어 가는 노력도 큰 역할을 했지만 무엇보다 전 교인의 헌신적인 전도 마인드를 빼놓을 수 없다. 꿈의교회 전도자들은 소위 말하는 발품을 파는 데 있어 자신의 헌신을 아까워하지 않았다. 그리고 다 함께 영혼 구원에 대한 소명을 갖고 조화를 이루어 전도에 힘쓴 노력들이 마침내 열매를 맺게 되었다.

|사전 점검일부터 시작되는 전도|

이전한 교회가 신도시이다 보니 아파트 입주민들이 많은 관계로 꿈의교회는 아파트의 입주 계획에 맞춰 전도 전략을 짜고 담당자를 배치한다. 그리고 입주자의 성향(나이, 출신지, 이주 지역 등)을 파악하여 그에 필요한 준비를 한다. 가만히 앉아서 전도 대상자가 나타나기를 기다리는 것이 아니라 지역 환경에 대한 철저한 조사로 그들을 탐색해 나가는 형식이다.

사전 점검일의 경우 사람들은 수많은 안내장을 받게 된다. 따라서 그 많은 정보지들 중에 선택될 수 있도록 매력적인 내용으로 만들어야 한다. 꿈의교회는 한 손에 부담 없이 들고 다닐 수 있는 예쁜 봉투에 교회 홍보물들을 담아서 전달했다. 봉투 안에는 교회에서 발행하는 신문, 교회를 알리는 소책자, 설교 테이프, 주보, 그리고 레포츠 센터와 문화 센터의 소개지 등을 담았다.

입주가 시작되었을 때 사용할 전도용품은 부담스럽지 않은 것이 좋다. 행주, 주방 기구 세트, 그리고 사전 점검 시에 나누어 준 교회 홍보물 등을 함께 준비한다.

요즘 아파트에는 거의 대부분이 외부인의 출입을 제한하기 위해 각 동의 입구마다 비밀번호를 입력해야 하는 보안 장치가 있다. 이 때문에 각 세대의 초인종을 누르거나 문을 두드리는 방법을 통한 접촉이 갈수록 어려워지고 있다. 게다가 기독교의 이름을 내걸고 있는 수많은 이단과 사이비 종파 등의 방문 전도로 인해 문을 열기가 더욱 어려워졌다. 기독교의 이미지가 심각하게 실추된 것이다.

'교회에서 왔습니다.'라는 말은 곧 '문 열지 마세요.'라는 말로 들린다는 사람이 있을 정도다. 이와 같은 어려움들을 해소하는 노력이 선행되지 않은 상태에서 무턱대고 전도지를 들고 뛰어드는 것은 무모한 행동이다.

꿈의교회는 이 어려움들을 해소하기 위해 단계적인 접근법을 시행하고 있다. 먼저 전도대가 접근하기 전에, 전도 대상자들이 '꿈의교회'라는 이름을 들었을 때 불편하게 느끼지 않도록 전략을 시행한다. 입주 시에 현수막을 걸어 입주민들에게 친근하게 접근한 것도 그 예라 할 수 있다. 또한 교회의 이름 자체에 '레포츠'라는 단어가 들어 있고(구 새안산레포츠교회), 교회에서 문화 센터와 레포츠

센터를 운영하고 있다는 점을 부각시킴으로써 교회의 이미지보다는 동네에 있는 명소 이미지로 접근할 수 있었다. 또한 담임 목사의 방송 매체를 통한 간접 선교와 〈안산 좋은 신문〉을 통한 인식의 전환 작업은 전도대원들이 각 가정을 방문했을 때 접촉을 용이하게 하는 결과를 보이고 있다.

아파트의 각 동마다 보안문이 설치되어 있는 경우는 집집마다 방문하여 전도하는 일이 사실상 불가능하다. 그러나 방법이 있다. 바로 관계 소그룹 전도가 그것이다. 관계 소그룹 전도법에 따라 관계를 형성해 놓고 교제를 시작하는 것이다. 그리고 그 가정의 방문을 마치고 나오는 길에 다른 세대들을 방문하여 전도한다면 보안문도 뛰어넘을 수 있다.

각 가정의 초인종을 누르며 방문 전도를 할 때 이러한 전략과 노력들이 많은 도움이 되긴 하지만 여전히 90년대 이후로 한국 교회가 마주하고 있는 축호 전도(집집마다 방문하는 전도)의 한계를 완전히 극복하지는 못하고 있다. 따라서 교회 홍보에 대한 사명감과 하나님을 직접 전해야 한다는 급한 마음에서 한발 물러서는 것이 좋다. 그리고 문이 열렸을 때는 대상자의 표정과 관심사를 최대한 빨리 파악하여 접근의 수준을 조절해야 한다.

꿈의교회의 전도 전략이 갖는 장점은 이 시점에서 기독교의 색깔을 담지 않고도 교회를 알릴 수 있는 내용을 다양하게 준비하고 있다는 것이다. '한번 놀러 오세요.'라는 인사가 가능한 공간이라면 어느 교회나 이와 같은 방문 전도가 가능하다. 중요한 것은 그 자리에서 결신하게 하는 것이 아니라 다음에 다시 찾아올 수 있는 가능성을 열어 두는 것이다. 끊임없는 관심과 접촉, 그리고 관계의 형성을 통한 '관계 소그룹 전도'가 닫힌 아파트의 문을 여는 방법이다.

발품으로 '끝없는 헌신'을

꿈의교회의 전도가 성공할 수 있었던 것은 단순히 홍보를 잘했다거나 교회의 이미지를 잘 표현했기 때문만은 아니다. 이미지 전도를 가능하게 해준 텃밭이 된 것은 다름 아닌 열심으로 발로 뛰어다니며 맺은 축호 전도의 결실이었다.

꿈의교회의 맞은편에는 Y마을이 위치하고 있다. 이 마을이 입주할 때부터 전도를 위해 시간과 건강을 바쳐 수고한 사람들이 있다. H권사와 K권사. Y마을에 사는 성도들은 지금도 이들을 'Y마을의 대모'라고 부른다. 이곳에 사는 성도라면 이 두 사람의 이름과 열심을 모르는 사람이 없을 정도다. 60세가 넘은 나이에 전도지를 집집마다 꽂아 놓기 위해 20층이 넘는 아파트를 걸어서 오르내리기를 하루에도 몇 동씩 했고, 심지어는 자비로 떡을 만들어 단지 내의 모든 집에 전하기까지 했다. 이러한 노력과 수고가 있었기에 Y마을에서의 전도가 그렇게 많은 열매를 맺게 된 것이다.

이처럼 전도 대상지를 하나님이 자신에게 주신 사명지로 여겨 책임감을 갖고 열심히 전도하는 전도의 열심자들이 있다. 꿈의교회 아파트 전도의 또 다른 키워드, 그것은 전도대원들의 '끝없는 헌신과 열심'이다.

|전도를 위한 팀워크|

전도를 위한 팀워크는 크게 두 가지로 말할 수 있다. 첫째는 구조와 조직상에서의 팀워크이고, 또 하나는 전도의 현장에서 전도대원들 사이에 이루어지는 팀워크다.

앞서 살펴본 바와 같이 아파트 전도는 단순히 한 개인이 열심을 낸다고 해서 폭발적 결실을 볼 수 있는 것이 아니다. 현장에서 전도하는 전도대원들의 열심과 이들을 지원하는 중보 기도 팀의 기도 후원, 전도 활동에 필요한 모든 것을 준비하기 위한 재정적 지원, 전도대원들의 영적인 충만함을 위한 목회자의 끊임없는 관심과 격려 등이 조직적으로 구성되고 어우러져 유기적으로 서로에게 영향을 줄 때 결실을 맺는 것이다.

전도 현장에서의 팀워크도 중요하다. 우선 아파트 단지에 새로 이사 오는 집이 있으면 사다리차가 들어오게 된다. 이를 발견한 교인이나 전도대원 등이 교회의 전도대에 조속히 연락을 취한다. 교회는 담당 전도대원에게 연락을 하고, 해당 전도대원은 전도 팀 구성원들과 함께 그 집을 찾아가서 접촉을 시도한다.

때로는 전도대원들 간에 역할을 분담해야 할 때도 있다. 입주자들과 접촉하는 동안 아파트의 경비원이 방해를 할 수도 있으므로 한 사람은 그에게 음료수를 건네며 대화를 이끌어 시간을 벌도록 한다. 혹은 가정에 어린 자녀가 있는 경우 부모를 채근하는 아이들로 인해 대화가 원활하지 않을 수 있다. 이럴 때는 아이를 잘 돌보는 대원이 함께 놀아 줌으로써 부모가 아이로부터 자유롭게 해준다. 이와 같은 현장에서의 팀워크는 전도 대상자와의 편안한 대화와 교제가 가능하도록 지원해 준다.

이렇게 전도한 사람들을 맞이하는 교회 또한 팀워크를 보여 주어야 한다. 준비된 환영의 내용으로 그 사람이 주인공인 따뜻한 자리를 만들어야 한다. 그리고 그가 교회 안에서 자신의 자리를 찾을 때까지 동행하며 도움을 주는 교우들 사이의 팀워크가 함께할 때 전도된 영혼이 진정으로 하나님을 만나게 되는 결실을 맺을 수 있다.

핵심 note

1. 신문 매체를 활용하라

일정한 독자층이 형성될 수 있을 정도의 수준 높은 월간 신문을 제작하여 불신자들이 편하게 읽으며 복음을 자연스럽게 접할 수 있도록 한다.

2. 삼겹줄 전도를 시행하라

첫째, 교회에 대한 긍정적인 이미지를 구축하라.
둘째, 불신자들을 직접 찾아가 방문 전도를 하라.
셋째, 교회 내의 소그룹을 통한 관계 전도를 하라.
세 가지 전도 방법을 균형 있게 시행하여 다양한 방식으로 전도한다.

3. 발품을 파는 것은 쇼핑할 때만 필요한 것이 아니다

가장 질 좋고 저렴한 물건을 찾아다니는 구매자의 심정으로 이곳저곳 전도 대상자를 찾아다녀야 한다. 담당 구역의 복음화를 위해 헌신하려는 사명감과 책임감을 가지고 발품 파는 것을 힘들어하지 말라.

부록 1

지역 사회의 흐름과 필요를 읽는 안목을 기르자

"지역 사회를 끌어안기 위한 또 다른 노력은 문화입니다.
우리는 모두 문화라는 물 안에서 사는 물고기와 같습니다.
교회도 그 시대의 문화를 버릴 수 없습니다."

인터뷰 _ 김학중 목사(꿈의교회 담임 목사)

Q 꿈의교회는 레포츠 시설이나 동물원, 문화 쉼터 운영 등 시대에 걸맞은 문화를 전도에 효과적으로 활용하고 있다는 느낌을 받게 됩니다. 이러한 것들은 목사님의 목회 철학과 밀접한 관련이 있을 것으로 생각되는데, 이처럼 지역 사회와 호흡하는 목사님만의 목회 철학에 대해서 자세히 말씀해 주십시오.

A 우리나라에는 기독교인보다 비기독교인이 많습니다. 교회의 궁극적인 목적은 교회 안에 있는 사람만이 아니라 교회 밖에 있는 사람들에게도 행복과 희망을 주고 복음적인 메시지를 전하는 것이어야 합니다. 그래서 우리 교회는 시작부터 기존 교회나 전통 교회와 차별성을 두고 불신자가 좋아하는 교회가 되고자 노력했습니다. 그것은 어쩌면 당연한 것인데, 이는 그동안 한국 교회가 놓치고 있던 부분이라고 할 수 있습니다. 그러한 생각을 품고 보니 불신자가 좋아하는 교회가 되는 방법은 그들과 융화되는 것밖에 없었습니다. '우리가 진리이니 교회로 오라.' 라는 생각도 중요하지만 때로는 눈높이를 맞추고 가려운 곳을 긁어 주어야 합니다. 그들과 융화되어야 어느 정도 설득이 가능해지는 것입니다. 멀리 떨어져 팽팽하게 줄다리기만 해서는 불신자들을 교회로 끌어들일 수 없다고 생각했습니다.

지역 사회 사람들과 융화되기 위한 방법을 고민하던 중 현대인들이 가장 좋아하는 것이 무엇인지 생각하게 되었습니다. 현대인들의 관심은 돈, 건강, 명예, 행복, 가정, 자녀, 재테크, 여가 선용 등의 단어 몇 개 안에 다 포함되어 있습니다. 그중에서 가장 관심을 갖게 되는 것이 건강입니다. 그래서 현대인들에게 필요한 건강 정보를 제공하고 여가 선용도 할 수 있는 교회라면 그야말로 이상적이겠다는 생각에 레포츠 교회를 세우게 된 것입니다. 사실 이것은 막연하지만 20년 전부터 목표로 세웠던 것이었습니다. 어떻게 하면 똑같이 뾰족한 종탑이 있는 교회에서 벗어나 다양한 교회 중 하나가 될 수 있을까를 생각하다가 수영장, 헬스클럽, 체육관을 만들고 예배도 드리는 방식을 시도한 것입니다. 그것이 우리 교회가 지역 사회에 녹아들기 위해 시작한 첫 번째 프로젝트였습니다.

지역 사회를 끌어안기 위한 또 다른 노력은 문화입니다. 우리는 모두 문화라는 물 안에서 사는 물고기와 같습니다. 교회도 그 시대의 문화를 버릴 수 없습니다. 교회의 예배, CCM, 책, 드라마 등이 모두 문화라는 테두리 속에 있기 때문에 거기서 벗어날 수 없습니다. 그래서 어떻게 하면 세상의 문화를 이해하고 그 문화 안으로 들어갈 것인가를 고민합니다. 우리 교회에서 문화 센터를 운영하고 있는 것도 그런 이유입니다. 많을 때는 200~300개의 강좌를 운영하기도 하는데 지역 사회에서도 좋은 평가를 받고 있습니다.

이러한 노력들과 더불어 교회는 지역 사회의 아픔까지도 끌어안아야 합니다. 선두에서 혁신적으로 무리를 이끌고 시설도 개방하여 지역 사회의 발전에 기여하기도 하지만 동시에 소외되고 힘들어하는 사람들도 보듬어 안는 목회를 하지 않으면 안 됩니다. 그래서 균형을 맞추기 위해 봉사 활동과 섬김의 사역을 많이 강조합니다. 실제로 '새안산'이라는 사회 복지 법인을 정식으로 만들어 장애인 아동 발달 센터를 운영하며 또 하나의 쉼터를 제공하고 있습니다. 이동 목욕 차량을 제작하여 지역 내의 거동이 불편한 사람들을 찾아가 의료 봉사도 합니다. 여러 가지 호스피스 봉사나 형편이 어려운 외국인들을 향한 섬김을 통해 지역 사회의 상처를 어루만지는 손길을 멈추지 않고 있습니다. 한편에서는 문화적인 콘셉트나 선두적인 목회를 지향하지만 사회로부터 외면당하고 아픔을 겪는 사람들과의 균형을 맞추려 노력하는 것입니다.

마지막으로 저는 목회의 핵심을 가정이라고 생각합니다. 그래서 무너져 가는 가정을 살리는 사역에 힘을 쏟고 있습니다. 우리나라의 이혼율은 미국의 뒤를 이어 세계 2위입니다. 하지만 이혼 증가율은 이미 미국을 추월해서 세계 1위입니다. 나라가 발전할수록 이러한 문제는 가속화될 것이고 이 같은 현상을 더 이상 교회도 간과해서는 안 됩니다.

가정이 깨지면 교회도 깨집니다. 가정을 회복하는 것에 초점을 맞추다 보니 그동안 교회에서 소홀히 다뤄졌던 남성들의 목회를 강조하게 되었습니다. 그리고 젊은이들이 살아나야 교회가 역동적인 힘을 얻을 수 있기에 청년 목회도 강조하고 있습니다. 이런 것들이 지역 사회와 융화되기 위한 우리 교회의 네 가지 큰 기둥이라고 볼 수 있습니다.

Q 문화 사역을 통한 전도로 인해 많은 사람들이 꿈의교회를 찾은 것으로 압니다. 그들을 양육하기 위해 코칭 목회를 하고 계신데, 많은 양육 프로그램 중에서 코칭 목회를 선택하게 된 특별한 이유가 있다면 말씀해 주십시오.

A 앞으로 우리 사회는 의학이 발달되고 생명이 연장되면서 평균 수명이 100세 이상인 시대가 될 것입니다. 하지만 고독하고 외로운 현대인들이 도움을 받을 수 있는 기회는 많지 않습니다. 이런 분들

과 함께하다 보면 마음은 어떻게든 도와주고 싶은데 그 영역에 있어 한계에 부딪칠 때가 종종 있었습니다.

코칭이라는 것은 변화하고자 하는 사람에게 답을 주는 것이 아니라, 옆에서 얘기를 들어 주고 질문을 던짐으로써 스스로 해답을 찾도록 이끌어 주는 것입니다. 그렇기 때문에 코칭은 현대 사회나 현대 교회에 꼭 필요한 것입니다.

여타의 상담이나 치유 프로그램 등은 정확한 해답을 주지 않으면 결론이 나지 않았습니다. 반면 코칭은 스스로 해답을 찾을 수 있도록 도와주는 것이기 때문에 멘토링과 비슷한 부분도 있지만 근본적으로는 다릅니다.

일반 기업이나 스포츠, 마케팅, 경영에는 이 코칭이 많이 있지만 안타깝게도 크리스천의 코칭은 많지 않았습니다. 그런데 막상 리더들과 공부를 하고 실습해 보니 임상 효과가 대단했습니다. 그래서 전 교회에 보급하기 시작했고 한국 교회를 주도하는 방법으로 내놓아야겠다는 생각에 책도 쓰게 되었습니다. 과거에 성경을 잘 몰라서 리더를 못했던 사람들도 상대가 변화하고자 하여 스스로 달라지는 기법이기 때문에 얼마든지 할 수 있습니다. 교회에 이것을 접목시킨다면 좋은 목회 매뉴얼이 될 것이라고 확신하여 이 일을 하고 있습니다. 임상 효과도 만족스러웠고 본인 스스로 변화하는 속도들이 탁월하게 나타나기 시작했습니다.

이 부분에 대해 굉장히 만족하며 미래의 목회자들에게 권하고 싶습니다. 일반 신학 대학에도 이런 코칭의 기술들이 커리큘럼으로 들어간다면 목회에 상당히 기여할 것이라는 비전도 가지고 있습니다. 그런데 문제는 몇몇 교수들과 논의한 바에 의하면 코칭이 분명 미국의 신학교 사이에서도 관심의 대상이 될 정도로 그 효과가 대단함에도 불구하고 우리는 아직 코칭에 대해서 잘 모른다는 것입니다. 한국 교회에 기여할 수 있는 것 중에 상담이나 경배 찬양은 자리를 잘 잡았는데 코칭은 아직 부족합니다.

가만히 보니 예수님이 가르치신 것도 코칭이었습니다. 답을 주지는 않았지만 제자들이 스스로 답을 찾아가게 하셨습니다. 그동안 교회 안에서 코칭을 접목하지 못해 늘 아쉬움이 있었습니다. 현재는 코칭의 영역이 굉장히 넓어져서 부모 자녀 코칭, 일대일 코칭, 전도 코칭, 제자 코칭, 상담 코칭 등으로 세분화되었습니다. 미국의 타이거 우즈는 골프의 황제라 불리면서도 다섯 명의 코치에게 꾸준히 지도를 받고 있습니다. 미국에서는 주식의 보유 현황보다는 얼마나 많이 코치를 만나고 있는지가 부의 상징으로 여겨질 정도로 코칭에 대한 인식이 변화하고 있습니다.

이렇게 자기 인생에 도움이 되는 코칭이 점점 더 중요한 자리를 차지해 가고 있는데, 교회가 코치를 잘 양성하면 G12나 셀 목회 등이 견고해지도록 도움을 줄 수 있을 것입니다. 그 사람들이 코치의 역할을 제대로 해주면 분명히 그럴 수 있다고 봅니다. 목회의 전부는 아니지만 목회에 한계를 느낀 분들에게 확실히 기여할 수 있을 것입니다.

Q 목사님의 목회 스타일은 아이디어와 열정이 넘치고 상당히 독창적이라고 생각됩니다. 이런 많은 아이디어들은 어디서 어떻게 얻으십니까? 그리고 이러한 아이디어를 얻기 위한 목사님만의 특별한 노하우가 있다면 말씀해 주십시오.

A 아이디어를 얻는 방법에는 크게 네 가지가 있습니다. 첫 번째는 하나님이 주시는 영감입니다. 기도하다가 떠오르는 생각들과 하나님이 제게 목회에 대한 생각을 주시는 것 자체를 다 영감이라고 생각합니다. 그래서 저는 그것을 아이디어라기보다 하나님이 주시는 영감이라고 표현합니다. 특히 프로젝트를 앞두고 기도할 때 얻는 생각들이 굉장히 많습니다.

두 번째로 평소에도 지역 사회를 많이 생각합니다. '이 지역에 사는 분들은 무엇을 원할까?', '어떻게 하면 좋은 이미지로 다가설 수 있을까?' 지역 사회를 많이 생각하다 보면 의외로 아이디어가 많이 나옵니다.

세 번째는 목회자들의 의견을 최대한 반영하는 것입니다. 우리 교회뿐 아니라 국내외의 목회자들까지 항상 조사하고 연구하면서 좋은 내용들을 수용합니다. 우리는 팀 목회를 하고 있는데, 젊은 목회자들에게서 좋은 의견이 많이 나옵니다. 결정자가 저인 탓에 모든 것을 제가 생각한 것처럼 보일 뿐 사실은 뒤에서 연출해 주는 분들이 있기 때문에 아이디어가 나오는 것입니다. 실제로 우리 교회는 저보다 선배이신 분들도 각자 파트별로 목회를 잘 이끌어 나가고 있습니다. 제가 부성적인 면을 강조한다면 한쪽에서는 모성적인 모습을 부각시키면서 역할 분담을 합니다. 그분들이 1세대를 마치고 나가서 단독 목회를 성공적으로 감당하고 있으며, 이제는 2세대가 진지를 구축하여 새로운 아이디어를 내놓고 있습니다.

특히 최근에는 전통적인 목회를 하는 분들에게 관심이 많습니다. 저는 항상 전통적인 교회를 간과해서는 안 된다고 강조합니다. 보수적인 교단들이 왜 저력이 있고 여전히 성장하는지를 놓치지 않는다면 목회에 많은 도움이 될 것이라고 말합니다. 한동안 젊은 목사들이 사랑의 교회, 온누리교회, 새들백교회, 윌로우크릭교회처럼 대표적이고 혁신적인 교회에서 현대적인 감각들을 얻었습니다.

그런데 저는 거꾸로 기도와 전통적인 예식을 강조하면서도 끊임없이 부흥하는 교회에 관심을 갖고 연구함으로써 새로운 아이디어를 얻었던 교회들보다 더 많은 통찰력을 얻게 됩니다. 주안장로교회의 나겸일 목사님이나 부산의 정필도 목사님처럼 정통을 고수하면서도 폭발적인 힘이 있어서 현대와 조화를 이루는 교회들이 바로 그렇습니다. 혁신적인 것도 계속 연구하지만 거기서 한계를 느꼈기 때문에 많이 돌아섰습니다. 전통적이고 보수적인 곳에서 찾은 아이디어들이 우리에게 왜 필요한가를 깨닫는 연결점에서 힘을 얻고 있습니다. 그런 것들이 최근 저에게 많은 아이디어를 제공하고 있습니다.

마지막은 교인들의 의견을 많이 청취하는 것입니다. 교회의 명칭을 지을 때도 담임 목사가 일방적으로 정하는 것이 아니라 교인들의 다양한 의견을 반영합니다. 공모나 설문 조사로 어떤 이름이 좋은지 의견을 듣고 수용합니다. 예배 시간도 반드시 물어보면서 정하는데, 자세히 보면 정말 보배로운 아이디어들이 많습니다. 그런 통계가 없이는 쉽게 결정하지 않습니다. 그것이 제가 아이디어를 얻는 방법 중 하나입니다.

제 목회는 단순히 스쳐 지나가는 아이디어나 감성만을 가지고 하는 것이 아니라 근거가 있는 통계에 의한 것이라고 생각합니다. 확실한 근거가 있어야 하기 때문에 리서치를 아주 중요하게 생각합니다. 그래서 교회 안에서도 리서치를 하고, 외부에 위탁해서 표본을 추출하기도 하고, 학교를 상대로 의식 조사도 하고, 여러 기관을 만나기도 해서 통계를 냅니다. 안산에 살고 있는 사람들의 세대 분포, 의식 수준, 가치관 등을 분석해서 그것을 목회에 반영하는 것입니다. 단순히 저의 고집이 아니라 안산의 상황에 맞는 목회를 합니다. 제가 서울의 강남이나 다른 지역에서 목회를 했다면 상황이 다르므로 다른 분석을 내놓았을 것입니다. 또 안산에 이미 진지를 구축한 800여 개의 교회들과도 다른 것을 찾습니다. 그래서 가지고 있는 고유한 매뉴얼을 일부러 피할 때도 있습니다.

제가 16년 전에 안산에서 처음 개척을 할 때 제자 훈련을 통해 소그룹을 형성하려는 꿈이 있었는데, 와서 보니 이미 탁월하게 잘하는 교회들이 있었습니다. 그래서 저까지 굳이 그것을 같이 해야 할 이유가 없었습니다. 그렇게 하면 결국 나뿐만 아니라 서로에게 피해가 될 것이므로 다 덮고 새로운 틈새를 찾기 시작했습니다. 어떤 교회가 잘하는 것이 있다면 반대로 못하는 것은 무엇인지, 또 지역 사회에서 아쉬워하는 것들은 무엇인지 면밀히 조사하면서 찾아냈던 것이 바로 불신자가 좋아하는 교회를 만드는 목회였습니다. 처음부터 그런 목회를 계획한 것은 아니었습니다.

Q 꿈의교회는 독창적인 아이디어로 그동안 한국 교회에서 보지 못했던 새로운 시도를 많이 했는데, 그러한 시도로 인해 어려움을 겪은 적은 없으신지요? 만약 있었다면 그 어려움을 어떻게 극복하셨는지 말씀해 주십시오.

A '레포츠 교회'라는 개념을 처음 도입했을 때 관공서에 민원이 들어오기도 하고, 주위에서는 이윤이 목적 아니냐며 곱지 않은 눈으로 보기도 했습니다. 교계에서도 본질의 왜곡에 대한 우려가 있었습니다. 하지만 저는 첫 시도이기 때문에 당연히 찬반양론이 있을 것이라고 예상했습니다. 그 평가는 시간이 지나 봐야 가능한 것이며, 지금 당장 옳고 그름을 논하기는 어렵다고 판단됩니다. 물론 우려의 의견에도 일리가 있기 때문에 겸허하게 받아들입니다. 때론 가치관의 차이가 아닌 오해라고 생각합니다. 직접 보지도 않은 상태에서 막연히 상상하고 추측하는 것은 오해입니다.

사실 우리 교회는 철저히 보수적입니다. 젊은 성도들이 다수를 차지하는 교회들은 오후에 일찍 예배를 드리고 주일 저녁 예배를 생략하는 추세이지만 우리는 개척하고 지금까지 주일 저녁 예배나 새벽 예배를 한 번도 빼놓지 않았습니다. 저는 저녁 예배와 새벽 예배가 한국 교회를 이끌어 왔던 중요한 요소이기 때문에 반드시 경험할 필요가 있다는 고집을 가지고 있습니다. 우리 교회는 그야말로 예배에 목숨을 걸고 철저히 준비합니다. 성령이 임재하고 눈물 흘리며 감동하는 뜨거운 예배를 드립니다. 사람들은 우리 교회에 대해 핵심은 놓치고 부수적인 것에서만 월등히 잘한다고 생각합니다. 그러나 우리가 가장 필사적으로 매달리는 것은 예배입니다.

많은 분들이 우리 교회를 아이디어가 풍부하고 이벤트 목회를 잘하는 교회라고 생각하는데, 저는 그것을 부끄럽게 생각하지는 않습니다. 저는 우리 교회가 '디즈니랜드 목회'를 한다고 생각합니다. 디즈니랜드는 놀이 문화 속에서 즐기는 곳이지만 그 속에는 기획자의 철저한 의도가 있습니다. 회전목마를 타고 나서 꽃밭에 가면 음료수를 마실 수 있도록 벤치를 만들어 놓는 등 인간의 심리를 잘 파악해서 빈틈없는 기획에 의해 다음 장소로 이동하며 즐기게끔 만듭니다. 그 속에 메시지와 의도가 있습니다. 그와 같이 철저한 기획과 이벤트 속에서 우리가 목적하는 것을 충분히 줄 수 있다면 자랑스러운 것이라고 생각합니다.

하지만 예배에 만족을 느껴야 이벤트도 살아납니다. 절대로 이벤트만 가지고 살아남을 수는 없습니다. 아무리 이벤트를 잘해도 예배에 만족을 느끼지 못하고, 하나님의 임재를 경험하지 못하고, 목사의 메시지에 공감하지 못하면 성도들은 얼마 뒤에 다 떠나갑니다. 저는 그것을 막는 방법이 예배라고 생각합니다.

사실 '레포츠 교회'는 상징입니다. 지역민들을 위해 레포츠 시설을 만들고 교회를 지었지만 막상 일반인들은 교회라고 하면 꺼리며 안 올 것입니다. 그렇다고 교회를 레포츠 센터라고 부르며 교회로서의 자존심을 버릴 수는 없어서 레포츠 교회라고 한 것입니다. 그런데 그것이 부르기 쉬워서 예명이 본명보다 유명해진 경우가 되었습니다. 실제로 교회의 레포츠 센터를 찾는 분 중에는 스님도 있고, 교인보다는 비기독교인들이 더 많습니다. 우리가 진짜로 자신들을 섬기고 있다는 것을 알기 때문에 그들이 온다고 생각합니다.

물론 단어 선택도 신중히 잘해야 합니다. 현대인들은 광고 문구 등 다양한 매체에 의해 이미 고급화된 이미지를 가지고 있습니다. 그래서 교회에서 시대의 흐름에 맞지 않는 전도지나 주보가 나가면 거부감을 느낍니다. 아직도 부정적으로 보는 사람들과는 입장 차가 있지만 시간이 필요한 일이라고 생각합니다. 매주 많은 목사님과 장로님들이 우리 교회에 탐방을 오셔서 깊은 관심을 보여 주십니다. 그렇게 오셔서 큰 감동과 도전을 받으시는데, 실제로 전국에 체육관을 짓는 교회가 많이 생긴 것으로 알고 있습니다.

Q 꿈의교회와 목사님이 앞으로 구상하고 있는 계획들에 대해 말씀해 주십시오.

A 저는 미디어 사역을 중요하게 생각합니다. 부흥회보다 미디어 사역이 저에게 잘 맞고 또 제게 주신 은사로 생각되어서 열심히 합니다. 부흥회로 한 번에 만 명, 십만 명을 동원하기는 힘들지만 미디어 사역은 한 번에 몇 십만 명을 끌어모을 수 있습니다. 미디어를 이용하는 것은 또 다른 기회라고 생각합니다. 다만 미디어를 정략적으로 이용할 때 부작용이 생기는 것입니다. 그것만 주의하면 새로운 기회가 될 것입니다.

제가 지금까지 20여 권의 책을 냈는데, 그 가운데 절반이 일반 서적입니다. 『아내의 말 한마디가 남편의 인생을 결정한다』라는 책은 일반 서점에서도 베스트셀러에 올랐고 많은 독자들의 편지와 격려의 글이 쇄도했었습니다. 이것은 제가 의도적으로 교회 안에서만 머무는 글쟁이나 설교자가 아니라 일반인들에게 설교할 수 있도록 하는 하나의 방법입니다. 장경동 목사님이 희극적인 요소도 사용하시듯이 일반인을 설득할 수 있는 다양한 사람들이 나와야 한다는 의미입니다. 미디어로의 도전은 목회자들의 과제라고 생각합니다. 특히 젊은 목회자들은 끼도 많고 하나님이 많은 달란트를 주셨기 때문에 더욱 도전해야 합니다. CCM 가수도 일반 가수와 견줄 수 있어야 합니다.

미국은 방송의 사회자가 목사인 경우도 많은데 한국 교회는 그렇지 못합니다. 저는 앞으로 기회만 되면 제 목회 열정의 3분의 1 정도는 미디어에 쏟고 싶은 바람이 있습니다. 그동안 미디어 사역을 해오면서 상당히 많은 득을 봤습니다. 교회 성장에서도 득을 봤지만 개인적으로는 교회와 세상을 연결시키는 다리 역할을 해온 것이 중요하다고 생각합니다. 하지만 미디어 사역을 정치적 혹은 정략적으로 이용해서 그 수준을 떨어뜨리는 일은 주의해야 할 것입니다.

Q 마지막으로 이 글을 읽고 있는 많은 크리스천 독자들과 지역 사회의 목회자들에게 교회의 성장을 위해서 개인적으로 또는 교회적으로 준비해야 할 것들에 대해 당부의 말씀을 부탁드립니다.

A 앞으로 계속 하나님이 주시는 창조적인 아이디어로 한국 교회에 기여하고 싶습니다. 사실 한국 교회는 규모가 큰 곳은 많으나 세계적으로 거론할 만한 벤치마킹의 사례는 많지 않았습니다. 좋은 사례들이 다음 세대에 또 새롭게 나와야 합니다. 지금 우리나라에 또 다른 유명한 굴지의 교회가 탄생하는 것이 축복일지 재앙일지를 생각해 봅니다.

저는 한국 교회가 초대형 교회보다는 중형 교회 중심으로 성장해야 더욱 건강해진다고 믿습니다. 우리 교회는 중형 교회를 거쳐 중대형 교회로 가고 있기 때문에 할 말이 많습니다. 그래서 지금까지의 일들을 다듬고 그 노하우들을 정리하여 내놓아야겠다고 생각했습니다. 지금부터는 그동안의 사역을 어떻게 체계적으로 정리하고 다듬어서 이론화하고 밖으로 내놓을 것인지가 새로운 과제입니다.

또한 한국 교회의 많은 목회자들이 교회성장연구소를 통해 도움을 받았으면 합니다. 시대의 흐름과 정보를 놓치면 효과적인 목회를 할 수 없습니다. 성경을 아무리 많이 알아도 그것과 접목되는 상황을 알지 못하면 목회는 당연히 뒤떨어집니다. 영성과 실력은 있는데 목회는 못하는 경우가 많습니다. 책상에 앉아 펜만 굴릴 것이 아니라 실제로 시대가 요구하는 정보를 주는 것이 해야 할 일이라고 생각합니다. 저 역시 그런 부분에서 도움을 많이 받고 있는데, 목회자들이 이렇게 함께 도움과 도전을 받으면 서로 좋은 하나님의 축복하시는 관계가 될 것입니다.

핵심 note

1. 불신자의 입장에서 생각하라

   교회가 세상을 닮아 가서는 안 되지만 세상과 동떨어진 교회는 복음의 영향력을 미칠 수 없다. 불신자가 관심을 갖고 좋아하는 교회가 되겠다는 시대적 사명을 품고 그들의 관심사에 초점을 맞춰 교회를 혁신해 나가야 한다.

2. 사역에 균형을 맞추라

   지역 사회를 대상으로 하는 문화 사역과 복음 전파의 사명인 전도 사역, 이 두 가지가 균형을 이루어야 한다. 마찬가지로 지역 문화의 혁신을 이끄는 동시에 소외된 이웃을 찾아가는 구제 사역을 진행해야 양자 간의 균형을 맞출 수 있다.

3. 설문 조사를 통해 목회의 방향을 설정하라

   회의 혹은 직관에 근거한 것이 아니라 지역 사회를 대상으로 한 실질적인 설문 조사를 바탕으로 목회의 방향을 설정하고 지역 사회에 접근하려는 노력이 필요하다.

개척 후 16년 동안 수많은 전도의 열매를 맺은 꿈의교회는 어떤 전략을 펼쳤을까?
아무리 건전한 전도 목적과 열정을 가지고 있을지라도 실제로 철저하고 계획적인 준비가 뒷받침되지 않았다면 '전도하는 교회'라는 성과는 거두기 어려웠을 것이다.
이제 꿈의교회의 성장 과정에서 가장 큰 역할을 한 '핵심 전도 전략'과 '평신도 전도왕의 노하우'까지 꿈의교회가 실천하고 있는 전도에 대해 들어보자.

Part / 2

꿈의교회의 4단계 전도 전략

Chapter 1
꿈의교회가 말하는 효과적인 전도 전략

Chapter 2
1단계 : 이미지 전도로 감동적인 접촉점을 마련하라 - 이미지 전도

Chapter 3
2단계 : 소그룹 중심으로 깊은 관계를 맺으라 - 소그룹 전도

Chapter 4
3단계 : 모든 성도가 참여하는 전도 축제를 열라 - 생명축제

Chapter 5
4단계 : 80% 이상의 정착률을 지향하라 - 새가족 소그룹 양육

Chapter 1

꿈의교회가 말하는 효과적인 전도 전략

홍 병 수 목사(꿈의교회 전도 담당 목사)

꿈의교회의 핵심 전도 전략은 4단계로 구성된다. 첫 번째는 이미지 전도다. 이제는 이미지가 트렌드인 시대다. 교회는 이러한 트렌드를 놓쳐서는 안 된다. 개교회가 가지고 있는 모든 이미지와 긍정적인 요소들을 전도에 활용해야 한다. 두 번째는 소그룹 전도와 방문 전도를 통해 직접 발로 뛰는 것이다. 한국 교회의 폭발적인 부흥 뒤에는 발로 뛰는 전도가 자리잡고 있었다. 이러한 전통을 시대에 맞게 직접 찾아가는 전도 서비스로 전환하는 노력이 필요하다. 세 번째는 생명축제를 통해 불신자를 교회로 초청하는 것이다. 주위에 아직도 복음을 듣지 못한 사람이 있다면 관계 전도를 통해 교회로 초청하고 출석을 권면한다. 네 번째는 영적 재생산을 위한 양육의 강화다. 새가족과의 접촉점을 만들어 정착할 수 있도록 돕고 기초 신앙 교육부터 세례에 이르기까지 소속감을 갖게 하는 것이 필요하다.

이것이 바로 우리 교회가 말하는 4단계 전도라는 것이다. 각자 교회 이미지를 만들고 있고, 사람들을 방문하고 있으며, 관계성 속에서 교회 출석을 권면하는 것, 이 모든 것이 효과적으로 작용할 때 전도가 이루어질 수 있다.

꿈의교회만의 이미지 전도

꿈의교회는 다른 교회와는 다르게 성도들보다 불신자들을 교회 안에서 더 많이 볼 수 있다. 불신자들도 교회에 와서 레포츠 시설을 이용하거나 가족 단위로 교회 동물원을 찾아 관람을 하기 때문이다. 이는 이미 지역 주민들에게 꿈의교회가 편안하고 친근한 이미지로 자리 잡았기 때문에 가능한 일이다. 한번은 우리 교회에 스님이 온 적이 있다. 레포츠 센터를 찾은 스님이 "제가 교회에서 운동을 해도 괜찮겠습니까?"라고 담당 직원에게 물었는데, 때마침 담임 목사가 레포츠 센터에 내려오고 있었다. 그 스님이 담임 목사에게 합장을 하면서 "할렐루야!"라고 인사를 하자 그도 "아멘!"이라고 화답했던 일화가 있다.

교회 성도들뿐 아니라 불신자들까지도 스스럼없이 꿈의교회를 찾게 되는 이유는 다양하다. 수영하러 왔다가, 혹은 가족끼리 원숭이 보러 왔다가 교회로 향하는 것이다. 언젠가 새로 온 주민이 새신자 등록 카드를 작성하는데 인도자란에 '수영' 이라고 쓴 적이 있다. 레포츠 센터에서 수영을 하다가 결국은 교회에 등록까지 하게 된 것이다.

이처럼 교회의 친근한 이미지가 지역민들에게 하나의 접촉점 역할을 하게 된다. 현대인들이 필요로 하는 대안을 제시함으로써 교회에 매력을 느낄 수 있도록 돕는 것이다.

꿈의교회의 중앙에는 특이한 모양의 종탑이 우뚝 서 있다. 이 종탑도 꿈의교회에 대한 좋은 이미지 형성에 한몫하고 있다. 어느 날 교회를 다니지 않는 어떤 분이 찾아와서 "교회의 은은한 십자가 네온 빛을 보면서 잠을 잘 자고 있다."라고 말한 적이 있다. 교회의 종탑이 이미지 전도의 역할을 해낸 사례다.

또 다른 이미지 전도의 예로 전도지 활용이 있다. 2001년에 안산 신도시 아파트가 입주하던 당시 1년 동안 매주 2만 장의 전도지를 뿌렸다. 집집마다 전도지를 붙이는 방법으로 홍보를 했는데, 그것 역시 우리 교회만의 이미지를 표현할 수 있는 하나의 방법이었다. 이러한 융단 폭격 같은 방법을 통해서 누구나 또 어디서나 꿈의교회를 알게 하는 전략적이고 무의식적인 이미지 전도가 가히 효과적이었다.

우리 교회에서 제작하는 전도지는 불신자들을 위한 메시지는 물론이고 나중에 또 읽고 싶은 이야기를 담은 특별한 전도지다. 복음을 직설적으로 말하기보다는 간접적으로 표현해서 거부감 없이 효과적으로 전달될 수 있도록 하는 것이다. 일상적으로 사용하는 전도지의 내용은 '자녀 교육을 위한 열 가지 제안', '행복한 가정생활 남편 7계명' 등으로, 불신자의 입장에 맞춰 그들이 받아서 읽고 싶고 버리지 않는 전도지를 만들고 있다.

전도 자체도 그렇게 한다. '예수 믿으세요! 천당 가세요!' 등의 직접적인 표현이 아닌 '행복하십니까? 꿈의교회를 아시나요? 건강은 어떠세요?' 등 일상적인 대화를 전도에 활용한다. 이것이 지역 주민들에게 교회에 대한 긍정적인 이미지를 심어 줄 수 있기 때문이다. 그러고 나서 좀 더 받아들이기에 편안한 복음의 메시지를 전한다.

이런 과정을 통해 꿈의교회가 궁극적으로 추구하는 것이 지역 사회를 위한 로컬 처치다. 레포츠 자체가 지역 사회를 위한 것이며 문화나 교육 등을 교회가 선도한다는 이미지를 형성하고자 한다. 이러한 모든 것이 결국은 전도로 귀결된다.

이러한 이미지 전도는 교회 차원에서만 나서는 것이 아니다. 모두 교인들이 하는 일이다. 교인들은 개인적인 방문 전도를 하면서 그것이 교회의 부흥을 위한 것이라는 생각에 자부심을 느낀다. 꿈의교회에서 발간하는 지역 신문인 〈안산 좋은 신문〉도 교인들이 아파트별로 일일이 정리해 놓으면서 주민들에게 좋은 이미지를 심어 주고 있다. 교인들이 교회의 이미지를 만들고 있는 것이다.

찾아가는 전도를 위한 전도대 훈련

우리 교회는 모든 교인이 전도하게끔 어떻게 동기화시킬 것인지를 가장 중요하게 생각한다. 기본 구상은 동기화 교육이다. 전도의 방향이나 초점의 일괄적 교육과 현장에서 전도자 본인이 상황에 알맞게 전도할 수 있는 상황별 교육을 병행한다. 예를 들어 병원 전도대라면 전도의 기본적 교육은 집체 교육을 통해 다 같이 받고, 현장에서 필요한 것은 팀장이 실무 경험을 바탕으로 현장에서 직접 교육한다. 많은 교회들이 전도 특공대를 운영하고 있는데 매일 전도 특공대 활동을 하다 보면 한정된 사람들만 전도에 참여하게 될 우려가 있다. 따라서 우리 교회는 365일 교구 전도를 통해 결원의 참석을 유도하고, 교구에서 나가려는 사람들을 다시 한 번 셀 전도를 통해 동참하게 하고 있다. 그 결과 현재 전 교인의 전도 동참률이 50% 이상이다.

꿈의교회는 개척을 하면서부터 전도하는 교회를 그 기치로 내세웠다. 그래서 담임 목사의 주도하에 모든 교인을 모아서 매일 전도를 나갔다. 교회의 규모가 어느 정도 갖춰지면서 전도 담당 목회자를 세우고 특공대 전도와 시즌 전 성도 동참 전도의 두 파트로 나누었다.

신도시로 입주하게 되면서 모든 시간과 역량을 집중하여 자칭 '벌 떼' 전도를 전개했으며, 개척한 지 10년이 지나면서 전도의 방향과 체계를 다잡는 차원에서 2004년에 3만총력전도운동본부를 출범시켰던 것이다. 전도 운동 본부에서 모든 것을 조직하고 관할하면서 그때 365일 교구 전도라는 것을 만들었다. 이 시기에 교구 전도를 통해서 모든 교인이 동참할 수 있는 구조를 구축했고, 그와 동시에 셀별 전도를 보완하면서 시행했다. 매일 전도 특공대는 이전에 운영되던 70인 전도대라는 전도 특공대를 재조직하여 개편하면서 지난 2006년 말에 출범했다. 이는 안산 성시화를 주도하기 위해 만든 것이다. 전도 특공대는 특별히 헌신된 전도자들과 은사를 발휘할 수 있는 사람들에게 주된 사역을 주는 것을 목적으로 하며, 모든 것이 자발적으로 운영된다. 방문 전도를 기본으로 전도 시스템을 특성화하여 요일별 노방 전도회, 또는 개인의 은사별 전도대 등의 특색들을 만들어 365일 전도와 셀 전도로 모든 교인이 전도의 그물망에 걸릴 수밖에 없도록 시스템을 운영하고 있다.

111전도운동도 있다. 111전도운동이란 한 사람이 한 가지 전도 사역을 하면서 한 명씩 전도하자는 취지로 시작한 것이다. 〈안산 좋은 신문〉을 활용하여 교회의 가치관이나 방향성을 표현함으로써 간접적인 전도지 역할을 하게 된다. 매달 전 교인으로 하여금 〈안산 좋은 신문〉을 주위 사람들에게 나눠 주게 함으로써 복음을 전하고 있다. 이를 통해 특별히 전도에 적극적으로 참여하지 않더라도 자신이 전도에 동참하고 있다는 의식(정체성)을 심어 준다.

생명축제, 불신자를 환영하다

생명축제는 선포식에서 집회까지의 기간을 통틀어 말한다. 집회는 보통 3, 4일 정도 진행된다. 진정한 축제가 되려면 의미 부여가 필요하다. 축제 안에도 성도들이 동참할 수 있는 접촉점을 만들어 VIP를 인도하거나 생명축제를 준비하는 등 참여를 유도하여 모든 성도가 생명축제와 관계성을 가질 수 있게 한다. 생명축제는 4월부터 시작해서 보통 6, 7개월 정도 이어진다. 생명축제는 그 시작을 알리는 선포식을 두 번 한다. 전 성도를 대상으로 4월에 시작하면서 외부적으로 한 번 하고, 내부적으로 교역자들과 핵심적 위치의 사람들이 9월 첫째 주에 2차 선포식을 한 번 더 갖는다. 첫 번째 선포식의 목적이 방향을 알려 주는 것이라면 2차 선포식부터는 집중력을 갖게 하는 목적을 가지고 있다.

우리 교회는 불신자 비율이 50%다. 매주 불신자들이 올 수 있도록 교회가 열려 있고 문턱도 낮췄기 때문에 많은 사람들이 오고 간다. 결정적으로 사람을 끌어들일 수 있는 계기를 만들기 위해 고민하다가 생명축제를 통해 불신자들이 편하게 복음의 메시지를 들을 수 있도록 한 것이다. 보통 관계 전도를 통해 작정한 전도 대상자를 VIP라 하는데, 그들을 축제에 참석하게 하여 결신으로 이끄는 것이 생명축제의 목표다. 평소에 주변 사람들을 전도하고 싶어도 마땅히 교회에 초청할 계기가 없었던 이들에게 교회가 자체적으로 초청하는 날을 마련하여 활용할 수 있게 돕고 있다.

다른 교회와 다른 점이 있다면 생명축제의 초점이 불신자며 기존의 성도는 배제한다는 것이다. 그렇기 때문에 이날은 불신자의 눈높이에 맞는 프로그램을 준비하며, 보통 1시간 30분 정도 집회를 가져 참석자의 시간적 부담을 줄인다. 내용도 지루하지 않고 불신자들에게 꼭 필요한 것으로 준비하도록 노력한다. VIP들을 환영하는 분위기를 만들고 따뜻한 마음이 전해질 수 있는 영상들(인도한 사람들의 인터뷰를 통해 영상 편지 준비)을 준비하여 그들로 하여금 자신이 왜 여기에 왔는지를 알게 하고 마음의 문을 열 수 있도록 한다.

주강사로 담임 목사가 복음적 메시지를 전달하고 평신도들이 간증을 한다. 메시지 전달은 45분 정도의 시간 안에 마치고 담임 목사가 불신자들을 초청하는 결신의 시간(calling time)을 갖는다.

현재의 상황에서 가장 효과적인 전도는 관계 전도라고 생각한다. 요즘은 예전과 달리 방문 전도가 쉽지 않다. 최근에는 아파트에

가면 현관부터 차단하고 전도지를 부착하면 쫓아내기까지 한다.

그래서 지금은 거의 관계 전도를 통해 전도가 이루어지고 있다. 점차 전도가 어려워지는 현실이지만 생명축제를 통한 관계 전도뿐만 아니라 방문 전도와 이미지 전도 역시 계속하고 있다. 끊임없는 관계 전도와 방문 전도가 어우러질 때 전도의 효과를 더욱 크게 얻을 수 있기 때문이다.

또 교회와 개인의 이미지가 함께 신뢰감을 줄 수 있어야 좀 더 영향력 있는 전도가 이루어진다. 결과적으로 이 세 가지, 즉 관계 전도, 방문 전도, 이미지 전도가 같이 이루어지는 것이 가장 이상적인 전도라고 본다.

영적 재생산을 위한 소그룹 양육

전도만큼 중요한 것이 새신자의 정착과 참다운 크리스천으로의 양육이다. 꿈의교회의 심방, 교육, 양육, 관리, 조직 등은 지역 교회에 위임된다. 따라서 지역 교회의 담임 목사와 전도사가 직접 양육을 진행한다. 또 인도자를 통해서 새신자를 돌보고 시기에 따라 방문을 실시하며 상황에 따라 복음 제시가 필요하면 전도대를 활용한다.

전도의 후속 조치들은 그 시기가 중요하다. 발 빠른 후속 조치를 통해 새신자들이 교회와 속회(구역)를 친근하게 생각하도록 만들 필요가 있다. 이러한 조치들이 시기를 놓치지 않고 계속될 때 새가족의 교회 정착이 무리 없이 진행될 수 있다.

새신자가 교회에 등록하게 되면 꿈의교회의 양육 과정을 차례대로 이수하게 된다. 4주간의 기초 신앙 교육을 통해 신앙의 기초를 다지고 구원의 확신을 얻도록 돕는다. 그다음 필수 코스로 8주간 진행되는 신앙 훈련이 있다. 이 훈련을 통해 교회의 비전을 공유하고 꿈의교회의 성도로서의 정체성을 더욱 확고히 다지게 된다.

신앙 훈련을 마친 뒤에는 제자 훈련과 후원자 훈련, 리더 훈련 등이 각각 12주씩 진행되는데, 이 과정들을 통해 교회의 리더로 훈련받고 세워지게 된다. 이러한 양육 과정까지 포함하여 꿈의교회의 4단계 전도법이 비로소 완성된다고 할 수 있다.

프로그램 운영의 실제

생명축제를 전 교회 차원에서 개최하자면 많은 준비가 필요하다. 상황이 여의치 않다면 먼저 가정이나 셀에서 VIP를 초청하는 것이 좋다. 많은 비용이 필요치 않은 접촉 행사, 예를 들어 운동회와 같이 굳이 예배를 드리지 않아도 함께 어울릴 수 있는 계기를 마련하면 된다.

이러한 행사는 교회 내의 인재를 활용하여 구성하고 그 접촉점을 찾아야 한다. 우리 성도들은 우리 교회가 전도하는 교회라는 것을 알고 있다. 그리고 교회에 대한 자긍심을 갖게 한다는 것도 알고 있다. 자신의 정체성을 알게 하고, 재미있고 감동적일 수 있도록 멍

석을 깔아 주기 때문에 사람들이 움직인다. 주일 예배 때 전도 촉구 영상을 보면서 때로는 감동을 받고 때로는 재미를 느끼며 동기를 갖게 된다. 특별히 전도를 강조하지 않아도 전도 프로그램이 지속적으로 진행된다. 즉, 전도의 생활화, 습관화, 체질화, 일반화 등의 방법으로 꿈의교회의 교인화가 이루어지며, 전도대를 만들어 누구나 전도에 동참할 수 있게 하고 공동의 미션을 통해 함께 참여하게 하는 것이 필요하다.

또한 전도지의 내용을 부담스럽지 않게 제작하여 누구에게나 전할 수 있게 하고, 이 전도지 하나를 통해 본인도 전도할 수 있다는 자신감을 부여하여 더 큰일을 할 수 있도록 유도한다. 이러한 것들을 시스템화하기 위해 전도대와 생명축제, 111전도운동 등 전도 사역의 프로그램에 사람들이 동참할 수 있도록 만들어야 한다.

핵심 note

1. 실용적인 전도지를 만들라

불신자의 시각에서 볼 때 복음에 대한 내용으로 가득 찬 전도지는 전혀 읽을거리가 없는 전단지에 불과하다. '자녀 교육을 위한 열 가지 제안', '행복한 가정생활 남편 7계명' 등 불신자가 흥미를 갖고 읽을 수 있는 내용으로 전도지를 만든다.

2. 소그룹을 전도대로 활용하라

소그룹을 기존 신자들의 모임으로 한정 짓지 말고, 교회를 부담스러워하는 불신자들이 복음을 자연스럽게 접할 수 있는 기회로 삼는다. 또한 소그룹 전도를 통해 모든 성도가 전도에 동참하도록 유도한다.

3. 불신자 초청의 시간을 가져라

평소에 전도하고자 했던 불신자를 초청할 수 있는 기회를 만든다. 그 날만큼은 철저히 불신자를 위한 날로 만들어 그들이 부담 없이 편안하게 교회의 문턱을 넘을 수 있도록 한다.

적용 note

Chapter 2

1단계 : 이미지 전도로 감동적인 접촉점을 마련하라 - 이미지 전도

어떻게 하면 지역 주민들이 좋아하는 교회가 될 수 있을까? 이는 꿈의교회가 항상 고민하는 질문이다. 이 질문으로 끊임없이 스스로를 각성하며 주민들에게 다가가기 위해 노력한다. 이러한 노력이 그들의 눈높이에 맞는 전략으로 복음을 전하기 위한 접촉점 마련의 계기가 되었고, 여기서 나온 것이 바로 꿈의교회의 '이미지 전도'다. 21세기의 교회는 사람들에게 만족을 넘어 감동을 주는 차원으로 승화되어야 성장할 수 있다. 교회가 현대인들에게 감동을 주기 위해서는 복음을 잘 모르는 사람들의 성향을 이해하려는 노력이 필요하다. 꿈의교회는 현대인의 가장 큰 관심사가 건강과 삶의 여가라고 생각하여 이를 통해 복음을 전하는 21세기 신패러다임 웰빙형 문화 사역의 모델을 자청하면서 실험적이고 도전적으로 여러 가지 접촉점들을 마련하고자 했다. 이것이 바로 '이미지 전도'다.

왜 이미지 전도인가?

꿈의교회 옆에는 시에서 만든 녹지 공원이 펼쳐져 있고 그 공원길을 따라 교회로 오다 보면 토끼와 공작새, 다람쥐가 보인다. 사람들은 교회의 십자가보다 동물원의 동물들에게 더 관심이 많다. 아이들은 토끼에게 풀을 주려고 서로 난리다. 어른들은 뒤에서 어릴 적 고향에서 같이 뛰놀던 동물들을 생각하며 미소를 짓는다. 그리

고 고개를 들어 보면 십자가가 있다.

'아, 여기가 교회였지. 교회에서 이런 것도 운영하네. 이런 교회라면…….'

이미지 전도는 사람들과의 접촉점을 마련하기 위한 교회의 노력이다. 그리고 이것은 사람들로 하여금 교회에 편한 마음으로 올 수 있게 하는 역할을 한다. 꿈의교회의 전도 마인드는 끊임없이 사람들과의 접촉점을 최대한 많이 만들어서 좀 더 다양한 사람들이 교회로 발걸음을 옮기게 하는 것이다.

그러한 노력의 결과로 실제로도 많은 접촉점들이 사람들을 끌어당기고 있다. 교회의 이름이 '새안산레포츠교회'가 된 것도 지역 주민들이 교회의 레포츠 시설을 이용하면서 '레포츠 교회'라고 부르게 되었기 때문이고, 교회에서도 지역민들에게는 레포츠 교회로 불리는 것이 편하니 지역 이름을 넣어 그렇게 정하자고 했던 것이다. 레포츠 시설이 접촉점 역할을 훌륭히 해내다 보니 교회 이름까지 바뀌게 된 것이다.

이러한 레포츠 시설 외에도 지역 신문, 문화 센터, 동물원 등으로 주민들과의 접촉점을 많이 마련해 놓고 있다.

웰빙형 문화 센터, 지역 주민과 함께 호흡하다

꿈의교회는 시설 자체가 웰빙형 문화 형태로 지어졌다. 그래서 누구나 부담 없이 편한 마음으로 문화를 즐길 수 있다. 지역 주민과 불신자들이 스스로 교회를 찾아와서 다양한 레포츠 시설(헬스, 스쿼시, 수영, 사우나, 카페 등)을 이용하고 있으며 복도에는 올림픽 스타들이 사인한 옷과 사진들이 진열되어 있어서 올림픽 박물관에 온 듯한 느낌을 준다.

또 작은 동물원을 만들어 누구나 즐길 수 있는 놀이의 장으로도 교회를 개방하고 있다. 가족이 함께 올 수 있는 시설들, 이 자체가 주민들에게 웰빙의 느낌을 준다. 교회에 대해 거부감과 불신감을 가진 사람들이 자연스럽게 교회에 호감을 갖고 자주 접촉하게 해서 하나님을 만나게 하는 것이다.

지역 주민을 찾아가는 문화 사역도 있다. 인근 전철역의 여러 곳에 작은 문화 쉼터를 마련하여 이용객 모두에게 편안한 휴식 공간

을 제공하고, 거기에 무료 양심 우산도 비치하여 갑작스런 소나기를 피하는 데 유용하게 쓰이고 있다. 누군가 꿈의교회라고 써 있는 노란 우산을 쓰고 거리를 활보할 때 그것이 지역 주민과 호흡하는 움직이는 문화의 간판 역할을 하는 것이다. 문화라는 것은 봄비처럼 서서히 녹아든다. 꿈의교회도 이러한 문화를 통해 새 안산의 주민들을 조금씩 복음의 비에 젖어들게 하고 있다.

핵심 note

1. 교회의 이미지를 업그레이드하라

당장 복음을 전할 수 있는 것이 아니더라도 택시데이, 전철역 우산 비치, 문화 센터 등의 운영을 통해 지역 사회에서 교회의 이미지를 업그레이드할 수 있다. 긍정적으로 인식된 교회의 이미지는 전도를 더욱 쉽게 만드는 장치가 된다.

2. 교회 주변을 공원처럼 꾸며라

교회의 주변 환경을 공원처럼 조성하여 평일에도 주민들에게 편안한 쉼터가 될 수 있도록 한다. 이는 사람들에게 편안하고 가깝게 느껴지는 교회 이미지를 만드는 데 도움이 된다.

3. 지역 주민을 찾아가는 문화 사역을 실천하라

어학, 음악, 특기, 적성, 레포츠 등의 수준 높은 교육과 서비스를 제공함으로써 지역 사회의 문화의 장, 전도를 위한 선교의 장을 선도한다.

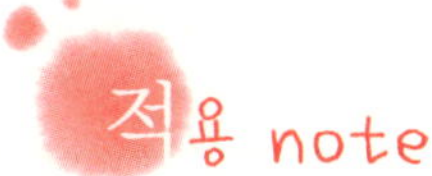

Chapter 3

2단계 : 소그룹 중심으로 깊은 관계를 맺으라

- 소그룹전도

불신자들과 관계를 맺어

영혼 구원에 이르게 하기 위해서는 친화력과 융통성, 수용성, 유연성, 이동성, 인격성 등이 필요하다. 소그룹은 이러한 모든 특징을 갖추고 있다. 꿈의교회가 속회 조직에서 소그룹 전도로 전환한 것은 2002년부터다. 2002년 이전까지 속회는 성도들을 관리하고, 예배를 드리고, 공과 공부를 하며 교제하는 것 이상의 목적이나 미션을 두지 않는 전통적인 구역 조직 형태를 띠고 있었다. 이에 따라 전도 역시 속회 조직과는 별개의 사역으로 이원화되어 있었다. '70 전도대'라는 훈련된 전도대가 따로 있었고, 속장 전도대가 속장 훈련을 마치고 전도를 했으며, 매달 2만여 장의 전도지를 각 속회별로 배부하여 전도하는 시스템으로 진행해 나갔다.

그러다가 2002년부터 생명축제가 시작되면서 전도 형태가 조금씩 달라지기 시작했다. 이전까지는 전도가 속회와 별개의 사역으로 분리되어 진행되었는데, 이때부터 속회에 아예 전도의 사명을 부여하고, 전도 공동체로 체질이 개선되어야 함을 강조하게 되었다. 즉, 속회의 성격이 '목적이 있는 소그룹', '전도 소그룹', '선교의 전진 기지'로 변화한 것이다. 그리고 속회는 생명축제를 통해 사역의 열매를 점검받는다. 생명축제는 기존의 총동원 주일과 다른 개념의 전도 집회라고 볼 수 있다. 생명축제는 관계 전도 전략 아래 소그룹 리더(속장)가 중심이 되어 속회원 모두가 VIP를 정하며, 함께 기도하고 추수하는 과정을 통해 그 축제에 초대되고 집회를 통해 결신하게 하는 전도 집회다. 꿈의교회가 전도 소그룹으로 전환되면서 얻은 중요한 세 개의 키워드가 있다. 그것은 바로 '관계 전도'와 '소그룹 중심' 그리고 '과정'이라는 말이다. 소그룹 중심의 관계 전도는 특별한 몇몇 사람들만이 아니라 전 교인을 전도에 동참시키고자 하는 소그룹별 전도 전략이다. 이러한 전도를 통해서 교회의 전 성도가 참여하는 살아 있는 전도를 할 수 있는 것이다.

목적이 있는 소그룹 중심의 관계 전도

소그룹 중심의 관계 전도는 사실 완전히 새로운 전도법은 아니다. 지금까지 어떤 형태로든 관계 전도는 진행되어 왔다. 문제는 관계 전도가 현재까지는 일대일 전도의 형태를 벗어나지 못했다는 점이다. 그러나 전도는 일대일로 하는 것보다 여러 명이 하는 것이 훨씬 쉽고 효과적이다. 마가복음 1장 17절에서 예수님은 한 무리의 젊은 어부에게 "나를 따라오라 내가 너희로 사람을 낚는 어부가 되게 하리라."라고 말씀하셨다. 여기서 고기를 잡는다는 의미는 낚싯대를 가지고 개개인이 고기를 잡는 것을 의미하지 않는다. 그물을 사용하여 다른 사람과 더불어 더 많은 고기를 잡는 것을 뜻한다. 오늘날 우리는 고기잡이(전도)를 개인적인 활동으로 생각한다. 그러나 그것은 예수님과 그의 제자들이 의도한 바가 아니었다. 그들은 고

기를 잡을 때 한 팀이 되어 그물을 사용했다. 그들의 고기 잡는 작업에는 많은 사람들과 때로는 여러 척의 배가 동원되었다(요한복음 21:6; 누가복음 5:6, 7). 그물로 고기를 잡는 것은 낚시로 잡는 것보다 훨씬 더 효과적인 방법이다.

꿈의교회는 2002년부터 이렇게 속회의 체질을 바꾸어 나갔다. 목적이 있는 소그룹, 작은 교회로서의 소그룹, 살아 있는 유기체로서의 소그룹으로 변모해 갔다. 이 가운데 가장 첫 번째로 변화를 시작한 것이 '목적이 있는 소그룹'이다. 속회가 단순히 관리 조직이 아닌 하나님의 사명을 감당하는 분명한 목적이 있는 공동체로 나아가기 위한 시도였다.

여기서 말하는 하나님의 사명 혹은 목적이란 영혼 구원을 의미한다. 초대 교회가 부흥을 위해 전도를 한 것이 아니라 전도하기 위해 모인 전도 공동체였던 것처럼 속장을 중심으로 모든 속회원이 영혼 구원이라는 분명하고도 확고한 하나님의 사명을 위해 모이는 데 힘쓰도록 변화시켜 나갔다.

이러한 목적이 있는 소그룹 전도를 통해 전도에 대한 분명한 동기를 갖게 되었고, 속회원들도 좀 더 적극적인 자세로 전도에 동참할 수 있게 되었다.

핵심 note

1. 전도에 뛰어드는 역동성과 유연성을 갖추라

   성도 관리와 성경 공부 모임을 중심으로 하는 소그룹 개념에서 벗어나 노방 전도에 나서는 등 전도에 사명을 갖고 역동성과 유연성을 갖춘 소그룹으로 변화해야 한다.

2. 크리스천과 불신자의 만남의 장으로 삼으라

   소그룹을 통한 크리스천과 불신자의 만남은 불신자들의 심리적 부담감을 덜어 줄 수 있다. 부원 전체가 대상을 선정하여 함께 기도하면서 불신자와의 만남이 관계 전도의 장이 될 수 있도록 준비한다.

3. 적극적인 전도 사명을 심어 주라

   소그룹 부원들에게 전도의 동기와 사명감을 인식시키고 지속적인 교육을 통해 전도에 대한 열정을 품게 한다. 확고한 하나님의 사명을 받은 사람만이 지치지 않고 전도에 열심을 다할 수 있다.

Chapter 4

3단계 : 모든 성도가 참여하는 전도 축제를 열라 - 생명축제

꿈의교회가 1993년에 개척, 창립하여 지금까지 성장해 온 과정 속에는 수많은 집회와 부흥회가 있었다. 총동원 전도 주일, 예수 초청 잔치, 심지어 1만 5천 명 초청 잔치 등 매우 적극적이고 공세적인 집회를 시행해 왔다. 또 여러 가지 다양한 형태의 부흥회(일일부흥회, 명사초청릴레이부흥회 등)도 개최했다. 그 이름이나 형식도 진부함을 없애기 위해 2000년에는 '부흥축제'라는 이름으로 부흥회를 했다.

그러나 성도들이 은혜 받은 것에만 머무르다 보니 자연스럽게 받은 은혜를 전달하는 통로에 대한 필요성이 부각되었다. 가슴은

뜨거워졌는데 그 열기가 쉽게 사라지는 것을 보면서, 또 이미 구원 받은 자들만의 잔치가 끝난 뒤 허전함을 느끼면서 보다 전도의 본질에 초점을 맞춘 집회를 찾게 되었다.

또 집회 방식에 있어서도 전도 대상자에게는 보다 자연스럽고, 교인들에게는 보다 지속적인 형태를 찾게 되었다. 그 결과로 시작된 것이 꿈의교회가 지니고 있는 목회 철학인 '불신자가 좋아하는 교회'에 근거하여 눈높이를 맞춘 '생명축제'인 것이다.

나 중심에서 공동체 중심으로

꿈의교회는 개척 이후 계속적인 부흥을 이루고 있다. 이런 가운데 교회 성도들이 부정적인 생각을 가질 우려가 있는데, 다음과 같은 두 가지 면에서 그렇다. 하나는 전도를 몇몇의 개인적인 활동으로 국한하는 것이다. '개인적으로 전도하면 되지, 뭐. 전도의 은사를 가진 사람들이 잘하고 있는데 꼭 교인들 전체가 나서서 전도해야 하나?' 하는 생각이다. 다른 하나는 구원 받은 영혼에 대해 소중하게 생각하지 못하고 무덤덤해지는 것이다. 매주 전도된 사람으로 성도가 점점 많아지면서 영혼 구원에 대해 흥분과 기쁨이 사라지고 반응 또한 시들해질 수 있기 때문이다.

물론 개인적으로 열정을 가지고 열심히 전도하여 영혼의 수확을 거두는 이들도 적지 않다. 교회가 지니고 있는 목회 철학에 근거하여 모든 교회의 시스템이나 초점이 전도에 맞춰져 있기에 이런 방식으로 해나가도 교회는 부흥하고 성장할 것이다.

그러나 어느 순간 교회의 부흥은 정점에 이를 것이고 그 이후 내리막길을 걸을 수도 있음을 예측해야 한다. 교회가 현실에 안주할 때, 이미 그때부터 아래를 향해 가는 것이다. 성도들의 자원화와 동력화가 이루어지지 않은 상태에서 소수에 의한 전도나 교회의 프로그램만 가지고는 건강한 부흥을 이룰 수 없다.

그래서 영혼 구원에 대한 성도들의 무관심을 방지하기 위해 구원 감격의 회복과 영혼 구원의 실천을 목적으로 2002년부터 '생명축제'를 시작하게 된 것이다. 특별히 성도들 자신이 사랑하는 가족이나 이웃을 전도하게 함으로써 남의 일로만 여겨졌던 전도의 감격

을 체험할 수 있도록 교회가 자리를 마련해 주는 것이다. 전도가 남의 이야기가 아닌 내 이야기임을, 나와 관련된 사실임을 인식하게 하는 것이다. 이로써 '생명축제'는 개인적인 차원의 신앙에서 공동체 차원의 신앙으로 신앙생활의 지평을 넓히기 위한 목적을 갖게 된다.

생명축제 소감문

2교회 16셀 시명숙 권사

1. VIP를 초청하기까지

이웃에 사는 성일이 엄마와 완규 엄마, 이 두 사람의 가정을 위해 1년 전부터 기도해 왔다. 일하는 곳을 찾아가 목사님 말씀 테이프도 들려주고 문화 센터에 대해서도 많은 이야기를 해주었다. 한 번만 가보자고 여러 차례 권했지만 그들은 마지못해 대답하고는 막상 약속 날짜가 되면 "미안해요." 이 한마디뿐이었다. 그러나 나는 포기하지 않고 계속 기도했다. 생명축제 셋째 날 우리 교회에 음악 축제가 있으니 와보면 후회하지 않을 거라고, 같이 점심이나 하자고 했을 때도 역시 부담스러워했다. 그러나 저녁 시간이 되자 그들이 환한 미소를 지으며 교회 성전 안으로 들어오고 있었다.

2. VIP가 집회에 참석하고 난 후(마음의 변화, 결단, 결신, 등록)

초청을 받고 온 사람들이 진심으로 기뻐하는 모습에 나 또한 기뻤다. '당신은 사랑 받기 위해 태어난 사람'을 듣는데 너무도 감동적이고 눈물이 났다고 했다. 쑥스럽고 어색했지만 음악 축제는 대단히 만족스러웠다는 반응을 얻었다. 그리고 이런 음악회가 또 있으면 연락해 달라고 부탁까지 했다. 그러나 아직은 두 사람 모두 마음에 결단을 내리지 못하고 있다. 결신하도록 계속 기도하면서 지속적인 관계를 도모하려고 한다.

핵심 note

1. 불신자와 교인이 하나가 되게 하라

축제를 통해 불신자가 회심하는 역사를 기대하기보다는 우선 불신자와 교인이 하나가 되도록 하는 것이 중요하다. 불신자들이 거부감 없이 크리스천을 친구로 마주하게 되면 복음이 뿌리를 내리는데 훨씬 효과적이다.

2. 성도들의 전도 열정에 불을 붙여라

전도 축제를 통해 성도들은 초신자 때 가졌던 구원의 감격과 회복의 능력을 체험하게 된다. 이 시간들을 통해 식지 않는 전도의 열정을 갖게 되고 자발적인 전도자로 우뚝 서게 된다.

3. 전 교인이 동참하게 하라

전도가 개인적인 차원의 일이 아니라는 것을 느끼게 해야 한다. 교회 공동체의 사명임을 깨닫게 함으로써 성도들이 하나가 되어 전도에 힘쓰는 과정에서 전도 생활이 자연스럽게 습관이 되게 한다.

Chapter 5

4단계 : 80% 이상의 정착률을 지향하라
-새가족 소그룹 양육

꿈의교회는 새가족의 정착률이 80%를 넘는다. 이러한 수치는 소그룹 중심의 새가족 환영과 양육이 있기 때문에 가능한 것이다. 먼저 새가족이 등록하게 되면 지역 담당 목사를 통한 새가족 심방이 이루어진다. 심방 시에 담당 목사와 전도사, 교구장과 속장, 그리고 선교회장이 함께 방문하여 속회와 선교회로 자연스럽게 연결된다. 발 빠른 심방을 통해 교회에 대해서 그리고 속회와 선교회에 대해서 친근감을 갖게 하고 그만큼 쉽게 교회에 정착할 수 있도록 돕는다.

교회 차원의 새가족 환영에는 등록한 당일 새가족실에서 갖는 새가족 영접과 분기마다 있는 새가족 환영회가 있다. 교회의 규모가 커지면서 지금은 소그룹 활동의 중요성이 강조되고 있는데, 이러한 소그룹을 통해 새가족을 환영하고 양육하는 것이 꿈의교회의 큰 특징이다.

꿈의교회는 소그룹을 속회라고 한다. 꿈의교회의 주보에는 그 주의 말씀을 통해 그 주간 동안 생활에서 실천할 수 있는 나눔의 내용이 있다.

속장들은 속회원들과 함께 그 내용을 참고하여 지난 한 주 동안 내 삶 가운데 있었던 일들을 함께 나누고 또 주신 말씀들을 어떻게 적용시켰는지 이야기하게 된다. 이러한 나눔의 시간은 새가족이 속회원들과 친교를 맺을 수 있는 기회를 제공하며, 말씀을 듣는 것에

그치지 않고 실생활에 어떻게 적용하는지 직접 보고 배움으로써 신앙의 성장을 이루게 한다.

새가족 양육을 통한 일꾼 양성

꿈의교회는 새가족에서 교회의 사역자가 되기까지 체계적인 양육 과정을 운영하고 있다. 새가족으로 등록을 하면 예배 시간에 한 사람씩 혹은 한 가족씩 성도들에게 소개된다. 예배 후에는 새가족실에서 영접하는 시간을 갖고 교회에 대한 간단한 소개와 선물 증정, 그리고 사진 촬영과 함께 애찬을 나눈다.

새가족부의 편지 사역자들은 교회에 등록한 주부터 4주에 걸쳐 매주 우리 교회에 온 것을 환영하는 편지를 보내고 있다. 편지를 통

해 교회에 등록한 것에 대한 감사의 말과 안부를 전한다. 편지는 초신자와 기존 신자로 나눠서 보내게 되는데, 새가족들에게 교회에 대한 좋은 느낌을 갖게 하는 계기가 된다. 또한 첫 심방을 신속하게 연결하여 교회에 대한 소속감을 갖게 한다.

그리고 교회에 처음 출석한 사람들을 대상으로 4주간의 기초 신앙 교육이 진행된다. 이는 가장 기초적인 신앙의 내용과 신앙생활에 대한 지식, 그리고 구원의 확신을 얻게 되는 과정이며, 이후에 있을 평신도 지도자 훈련원의 훈련 과정과 이어진다. 기존의 교인들 중에서도 신앙의 기초적인 내용을 점검하길 원하는 사람들은 이 교육에 함께 참여할 수 있다. 교육 시간은 주일 2부 예배와 4부 예배의 중간 시간을 활용한다. 가장 분주한 시간이기는 하지만 신앙생활을 처음 시작하는 새가족들이 예배를 드릴 수 있는 시간과 연계하여 교육의 기회를 가질 수 있도록 배려하는 것이다. 새가족 가운데 세례를 받지 않은 사람들은 이 기초 신앙 교육을 통해 세례 교육을 대신하게 되며, 세례와 입교의 예식을 통해 입교인이 된다. 꿈의교회는 8주간 진행되는 신앙 훈련을 전 교인의 필수 과정으로 진행한다. 신앙 훈련을 통해 우리 교회의 비전을 공유하고 가장 기본적인 훈련을 거치게 된다. 주일반과 평일반을 개설하여 모든 교인이 참여할 수 있도록 하고 있다.

신앙 훈련 과정을 마친 사람은 이후에 이어지는 구원의 확신과 바른 자아상을 갖게 하는 12주간의 제자 훈련, 제자 훈련 과정의 연속 과정으로 리더 양성을 위한 실제 사역 훈련인 12주간의 후원자 훈련, 그리고 마지막으로 리더로서 온전한 사역이 되도록 돕는 12주간의 리더 훈련을 통해 교회의 리더로 세워진다.

꿈의교회는 양적인 확대만을 성장으로 보지 않는다. '건강한 교회 만들기'라는 목적을 이루기 위한 꿈의교회의 새가족 사역은 단순히 교회에 정착하는 것에 그치지 않고 새가족들이 영적으로 성장하고 사역의 현장에서 쓰임 받는 자가 되는 것을 지향한다. 이것이 꿈의교회 전도법의 완성이다.

핵심 note

1. 신속하게 심방을 이끌라

   새가족이 등록하게 되면 지역 담당 목사를 통해 발 빠르게 심방하고 자연스럽게 소그룹과 연계하여 소그룹의 일원으로 친근감과 소속감을 갖고 정착할 수 있도록 한다.

2. 체계적인 양육 과정을 운영하라

   새가족들이 우왕좌왕하지 않고 교회에 잘 적응하면서 영적 성장을 이룰 수 있도록 체계적인 단계별 신앙 훈련 프로그램을 마련한다. 궁극적으로 교회의 리더로 세워질 수 있도록 훈련하는 것이 양육의 목표다.

3. 소그룹 중심으로 양육하라

   리더의 인도하에 소그룹 일원들과 함께 말씀을 삶에 적용시키고 서로의 삶 가운데 다양한 은혜를 나누게 한다. 공동체와의 신앙생활을 통해 적응은 물론 빠른 영적 성장을 이룰 수 있다.

부록 2

평신도 전도왕의 노하우를 듣는다

"아직도 한참 부족하지만 열심히 할 때 하나님이
열매를 주시는 것 같습니다.
제가 아무리 열심히 해도 일하시는 분은
하나님이시기 때문에 올 때까지 믿음으로 찾아다닙니다.
하나님은 그저 열심히 하기를 원하시는 것 같습니다."

인터뷰 _ 최신애 권사(원년 전도왕), 천영희 집사(2005년 전도왕)
장금순 전도사

Q 꿈의교회는 많은 사역이 전도에 집중되어 있는 것 같습니다. 꿈의교회를 다니는 성도의 입장에서 교회의 전도 사역에 대해 자랑하고 싶은 점이 있다면 말씀해 주십시오.

A **천영희 집사(이하 천) :** 보통 교회를 소개하면 대부분이 딱딱하고 경직된 이미지를 연상합니다. 때로는 교회 얘기를 듣는 것만으로도 거부 반응을 보이기도 합니다. 그런데 저희는 '레포츠 교회'라고 소개하면서 불신자들에게 다가가기가 쉽습니다. 그리고 목사님이 말씀을 이해하기 쉽게 풀어 주셔서 젊은이들이 좋아합니다. 전도를 하면 보통 남자들이 많이 부담스러워하는데 목사님의 설교가 희망적이다 보니 여자들보다 더 적극적으로 참여하는 경우가 많습니다.

최신애 권사(이하 최) : 레포츠 교회니까 부담 없이 운동도 하고 문화 센터 강좌도 들으러 오라고 말하면서 불신자들에게 다가갑니다. 그러다 보면 자연스럽게 그들이 교회에 등록도 하곤 합니다. 또 우리 교회는 목사님이 다양한 전도지를 많이 만들어 주시고, 쉽게 이해할 수 있도록 설교도 잘해 주셔서 정착률이 높은 것이 아닌가 생각합니다.

개척 교회 때도 목사님이 재정의 70%를 전도 용지에 쓰셨다고 들었습니다. 전도용 휴지, 교회 신문, 전도지 등 전도용 물품을 매일 돌렸습니다. 처음에는 목사님이 똑같은 전도지를 한군데에 서너 번씩 돌리는 것을 이해하지 못했는데, 차츰 사람들이 그것을 읽게 되고 꿈의교회라는 이름을 인식하게 되는 것을 보았습니다. '지금은 예수를 안 믿어도, 만약 믿게 된다면 꿈의교회로 가겠다.' 라는 말도 들었습니다. 처음에는 왜 이렇게 전도를 많이 하시는지 몰랐는데 목사님 말씀이 옳았다는 것을 알게 되었습니다.

장금순 전도사(이하 장) : 그때도 매주 다른 내용의 전도지가 항상 1만 장이 넘게 쌓여 있었습니다. 방송 매체를 통해서 우리 교회와 목사님이 알려진 것도 전도할 때 많은 도움이 됩니다. 어떤 가족은 남편이 전에 다니던 교회에서 시험에 들어 교회를 안 나가고 있었습니다. 그런데 방송을 통해서 담임 목사님의 설교를 듣고는 '다른 교회는 몰라도 꿈의교회라면 다녀라. 그 교회라면 나도 다니겠다.' 라고 허락을 해서 등록한 일이 있습니다. 일단 꿈의교회는 목사님과 교회가 많이 알려져 있기 때문에 자세한 설명을 하지 않아도 쉽게 어필할 수 있고 전도할 수 있다는 장점이 있습니다.

Q 두 분이 교회를 대표하는 전도자로 선정되었는데, 개인적으로 가지고 있는 특별한 전도 방법이나 자신만의 노하우가 있다면 말씀해 주십시오.

A **최** : 아직도 한참 부족하지만 열심히 할 때 하나님이 열매를 주

시는 것 같습니다. 제가 아무리 열심히 해도 일하시는 분은 하나님이시기 때문에 올 때까지 믿음으로 찾아다닙니다. 하나님은 그저 열심히 하기를 원하시는 것 같습니다. 저는 전도를 하다가 복음을 받아들일 가능성이 있거나 얘기를 들어 주는 사람들은 수첩에 적어 놓고 다음에 다시 찾아갑니다.

장 : 두 분을 보면 시간이 남을 때 전도하는 것이 아니라 먼저 시간을 하나님께 드리는 것 같습니다. 가정생활 외에는 늘 능동적으로 전도를 하십니다.

두 분은 전도 수첩에 가능성 있는 대상자, 찾아갔을 때 반응 등을 꼼꼼하게 기록하십니다. 그리고 그 사람들이 교회에 나올 때까지 끈기 있게 방문합니다. 최 권사님이 저와 같은 아파트 단지에 사시는데 제가 퇴근하고 갈 때까지도 전도를 하시는 모습을 보았습니다.

우리 교회는 매일 모일 때마다 목사님이 그날 메시지를 전해 주시면 기도회를 한 후 "안산은 우리의 것이다."라는 구호를 제창하고 나갑니다. 교회 주변에 입주하는 아파트가 많은데 사전에 미리 그 아파트가 몇 동, 몇 층까지 있는지 표를 만들어 드립니다. 그러면 거기에 반응을 표시해 옵니다. 그 반응을 본인이 들고 다니는 수첩에 적어 놓고 가능성 있는 사람을 계속 찾아다니는 것입니다.

우리 교회는 누군가 등록을 하면 그분과의 공통점을 찾아서 가장 잘 어울릴 수 있는 사람들과 연결해 줍니다. 나이대가 같은 선교회의 셀에 편성시켜 셀 리더가 돌보게 하거나 그 사람을 잘 돌볼 수 있는 사람에게 꼭 다리를 놓아 줍니다. 이 두 분은 새신자들이 예배에 참석하는 것까지 체크하십니다.

천 : 우리 교회는 아파트 지역마다 집사님과 권사님들이 짝을 지어 요일과 시간을 정해서 나가고 있습니다. 가정집을 방문했을 때 문을 열어 주면 교회에 나가는지 물어보고 전도를 합니다. 반감이 심하면 레포츠 교회에 운동하러 오라고 합니다. 대화가 통하는 사람들에게는 하나님과 예수님을 소개하고 천국과 지옥에 대해, 그리고 우리가 이 땅에 살면서 왜 이 고통을 겪어야 하는지에 대해 얘기하며 복음을 제시합니다. 조금 먼 지역에 사는 사람들은 가까운 교회로 인도하고 가능성이 있는 사람들은 계속 찾아다니면서 반응을 살핍니다. 반응을 보였다가도 금방 사그라지는 사람이 있고, 귀찮다고 짜증 내며 싫어하는 경우도 있습니다. 전도 일지에는 날마다 만난 사람과 상황을 적습니다. 그리고 제가 새롭게 만난 대상의 주소와 이름을 적는 수첩이 따로 있습니다. 방문 시 반응은 '문을 안 열어 줌', '거절함', '반응이 좋았음' 등을 작은 글씨로 적습니다. '선물이 들어간 집', '2차 방문한 집' 등을 노트에 모두 기록합니다. 주변 아파트마다 그것을 다시 작성해서 제가 어느 아파트의 어느 동을 가더라도 '이 집은 이런 상태였구나.' 라고 한눈에 들어올 수 있도록 정리합니다. 주변에서 전도가 잘 안 되는 분들의 얘기를 들어도 거기에 다 적어서 방문할 때 전체적인 것이 파악되게끔 하고 있습니다.

Q 전도를 하면서 현장에서 많은 경험을 하셨을 텐데, 전도자의 입장에서 불신자에게 다가갈 때 가장 중요한 자세는 무엇인지 말씀해 주십시오.

A **천 :** 예의를 갖춰야 한다고 생각합니다. 전도를 하면 대상자가 거부할 때도 참 많습니다. 하지만 그쪽에서 어떤 반응을 보이든 간에 항상 웃으면서 같이 화내지 않고 예의를 갖추는 것이 중요합니다. 전도에 대한 훈련들을 철저히 하는 것도 중요하지만 예수 믿는 사람들에 대한 이미지가 긍정적으로 개선되어야 할 것 같습니다. 요즘 사람들은 개성이 강해서 다소 과격하게 반응하기도 하는데, 거기에 대적하는 일은 절대 없어야 합니다. 상대방이 문을 안 열어 주고 거친 반응을 보이더라도 돌아서 나올 때까지 절대 나쁜 행동을 하면 안 됩니다.

저는 예수님을 믿고 나서 이 땅에 사는 동안 전도하는 일에만 힘쓰겠다는 기도를 했었습니다. 과거에 전도는 물론이고 교회에 출석하는 것조차 힘든 핍박의 과정도 있었지만 전도를 해야 한다는 마음은 항상 있었습니다. 제자 훈련을 통해 전도에 관한 많은 프로그램들을 보았습니다. 그 프로그램들을 볼 때 '불신자들을 어떻게 대해야 하는가?' 그리고 '예수님이 그 영혼을 바라보면서 어떤 마음으로 대하셨는가?' 하는 것을 생각합니다. 그런 마음을 생각하며 전도를 하게 됩니다. 믿지 않는 사람들은 여러모로 이해하지 못하는 것들이나 가정의 어려움들을 많이 얘기합니다. 그런 부분이 힘들 때도 있지만 관심을 갖고 들어 주면서 제 나름대로 설명을 하곤 합니다.

최 : 전도를 시작할 때 어떻게 기도를 하고, 문 앞에서 어떻게 말을 해야 하는지에 대해 교육을 받았습니다. 그렇게 교육 받은 대로 전도를 하다 보니 제게 함께 대화하기에 편한 상대라고 말씀하시는 분들이 많습니다. 전도를 하는 중에 이제는 전도자와 대상자가 아닌 친구가 된 분들도 있습니다.

장 : 전도를 받은 대상자가 '천사를 만난 것 같다.'라고 말하는 것을 들은 적이 있습니다. 두 분의 전도로 교회에 온 분들이 천사를 만난 것 같은 느낌을 받았다고 하더군요. 그래서 교회에 출석하면서도 꼭 전도한 사람을 찾습니다.

Q 지금까지 다양한 사람들을 만나 전도를 하면서 생긴 일화들이 많을 것이라 생각됩니다. 그중에서 가장 기억에 남는 것이 있다면 말씀해 주십시오.

A **최 :** 개척 교회 때부터 열심히 전도를 하고 있는데, 때로는 욕을 먹기도 하고 또 도둑으로 몰린 일도 있었습니다. 어떤 사람은 찾아가면 계속 같이 놀자고 하기도 했습니다. 저는 전도를 해야 하는데 교회에는 안 나오고 자꾸 미루길래 방문을 중단하고 말았습니다. 나중에 다른 교회에 등록했다는 소식을 듣게 되었습니다. 덕분

에 전도를 받고 가까운 교회에 등록하게 되어서 감사하다는 말을 다른 사람을 통해 들었습니다.

천 : 얼마 전에 인상이 좋은 아저씨를 몇 번 만나 전도지를 주고 복음을 제시했습니다. 어느 순간 생각해 보겠다고 하더니 그다음부터는 저를 보면 시선을 피하고 도망을 가는 것입니다. 그래서 그분을 위해 계속 기도하고 있습니다. 또 한번은 전도한 분의 집에 과일을 사들고 갔다가 현관에 있던 남편에게 쫓겨날 뻔한 적도 있습니다. 꿈의교회에서 왔는데 지난번에 아주머니를 만나 얘기를 나눠서 오늘 한 번 더 만나러 왔다고 했더니 필요 없다며 쫓아내시더군요. 다행히 때마침 아주머니가 나오셔서 들어가 얘기를 나눌 수 있었습니다. 경비원한테 쫓겨나는 일도 부지기수이지만 그런 어려움 속에서도 즐겁습니다.

장 : 우리 교회에는 개척 초창기부터 함께 전도하신 나이 많은 권사님이 계십니다. 그런데 귀가 잘 안 들려서 보청기를 끼십니다. 하루는 아파트 전도를 하는데 경비원이 소리를 지르며 쫓아내더랍니다. 같이 간 집사님들은 창피하고 무서워서 도망을 왔는데 권사님은 귀가 어두워서 소리를 질러도 잘 들리지가 않았습니다. 오히려 권사님은 초인종을 눌러도 아무도 안 나오는데 이렇게 앞에 사람이 있으니 전도할 기회가 생겨서 정말 잘됐다고 생각했습니다. 이 권사님의 목적은 오직 전도였습니다. 아무리 고함을 쳐도 잘 들리지 않았기에 그 경비원에게 계속 전도를 하셨습니다. 그래서 결국 그 아저씨가 도망을 간 일이 있었습니다. 이렇게 열정으로 무장한 분

들이 계셨고 담임 목사님의 전도에 대한 열의도 대단하셔서 우리 교회가 지금까지 전도의 열기를 이어 오고 있다고 생각합니다.

Q 전도의 대상으로 삼는 주요 부류의 사람들이 있으신지요? 어떤 방법으로 전도하는지 듣고 싶습니다.

A **최 :** 하루에 몇백 집씩 방문하지만 문을 두드려도 실제 만나는 경우는 많지 않습니다. 아파트의 경우 가구 수는 많지만 직접 대면하는 사람이 별로 없어서 결신자는 얼마 없습니다. 한 동을 돌면 서너 집 정도 됩니다. 전철역 등에서 길거리 전도도 하고 있는데, 특별히 정해 놓은 부류는 없고 제가 만나게 되는 모든 분에게 전도를 합니다. 전도할 때 필요에 따라 전도용 소책자를 이용하기도 하는데, '내가 아는 하나님'과 '내가 믿는 하나님'을 전합니다.

천 : 한 번에 아파트 전체를 가기도 하지만 그렇지 않을 때는 가야 할 집을 정해서 서너 집 정도 방문합니다. 이는 재방문하는 집들인데 오후에 2시에서 6시 사이에 갑니다. 시간은 오후가 가장 좋은 것 같습니다. 너무 일찍 가면 세수도 안 한 상태라 문을 잘 안 열어주고, 시간 약속을 정하면 미리 피할 수도 있으니까 헛걸음을 하더라도 그냥 갑니다. 그렇게 가다 보면 엘리베이터 안이나 아파트 단지 안에서 다른 전도 대상을 만나게 해주시기도 합니다.

연세가 많은 분들을 보면 하나님의 존재는 알지만 예수님은 믿지 않는 경우가 많습니다. 그래서 우리 인간의 죄와 하나님을 만나는 길은 예수님밖에 없다는 것을 얘기하고 천국과 지옥을 설명합니다. 그리고 이 땅에 사는 동안 하나님을 만나야만 풍성한 삶을 살 수 있다고 말합니다. 재방문해서 몇 번 접촉을 하다 보면 많은 얘기도 듣고 제사 문제나 다른 모든 문제까지 대상에 따라 나옵니다.

Q 마지막으로 오늘도 하나님 나라를 확장하기 위해 전도에 힘쓰고 있는 많은 크리스천 독자들과 지역 사회의 목회자들에게 힘이 될 수 있는 격려의 말씀을 부탁드립니다.

A **최 :** 우리 교회는 초창기에 목사님이 전도하러 나오라고 계속 전화를 하셨습니다. 그렇게 모이면 기도하고 나가서 전도하고, 교회에서 점심을 해먹고 또 나가서 전도하기를 매일같이 했습니다. 지금도 친한 분들이 모여서 이런저런 얘기를 할 때면 그렇게 전도할 때가 좋았다고 합니다. 목사님이 전도에 대한 열정이 굉장하셔서 성도들도 훈련이 된 것 같습니다. 전도의 열정이 있어야 성도들도 그것을 따라 할 수 있습니다. 안 해서 못하는 것이지 하면 하나님이 주십니다. 전도도 습관입니다. 저도 처음 전도를 나갔을 때는 벨을 누르면서 아무도 안 나왔으면 좋겠다는 생각도 들었고 숨기도 했습니다. 그런데 하다 보니 용기도 생기고 습관이 되었습니다. 열심히 전도를 하면 우리가 데려오지 않더라도 새신자가 생기고 교회

가 부흥하는 것을 느꼈습니다.

장 : 제가 전도의 뿌리를 내리면 꼭 저로 인해 등록하지 않더라도 누군가에 의해서 열매를 맺게 됩니다. 모두가 열심히 전도할 때 새신자가 더 많았습니다. 나중에 그들이 교회에 나왔을 때 보면 우리 전도대원들이 뿌려 놓은 것을 6개월 혹은 1년 뒤에 열매로 맺었다는 것을 발견합니다.

천 : 평신도들도 하나님 말씀에 순종해서 나오기만 하면 하나님이 할 수 있도록 힘도 주시고 지혜도 주시리라 믿습니다. 시간이 여의치 않거나 직장에 다니는 경우는 주변 사람들을 대상으로 삼으면 됩니다. 그들을 놓고 기도하며 섬기고, 중간에 기회가 되어서 복음을 전한다면 직장인들은 그곳이 곧 전도의 현장입니다.

그런데 이렇게 전도를 해도 교회에서 말씀으로 양육되지 못한다면 머지않아 어려움에 처하게 됩니다. 어떤 상황에서도 하나님을 떠나지 않도록 양육 과정이 뒷받침되어야 합니다. 전도를 하다 보면 기존 교회에 다니다가 천주교회로 가는 사람들도 많이 만납니다. 그들이 복음에 대해 느낀 바가 없을 수도 있겠지만 제대로 양육하지 못한 교회에도 문제가 있지 않나 생각합니다. 처음에 왔을 때 하나님을 만나고 영생을 얻고 그 큰 축복의 비밀을 발견해서 하나님을 떠나지 않았으면 좋겠습니다.

제 경우에는 전도 받은 새신자들이 주일 예배나 모든 예배에 참석할 수 있도록 일정을 확인하며 챙기고 있습니다. 전도를 해놓고도 방치해서 안 나오게 되면 다음에 방문 전도를 할 때 '그 교회에 가봤는데 별로 가고 싶지 않다.' 라고 말합니다. 그래서 교회에 데려왔을 때 진실로 예수님을 영접하고 하나님의 자녀가 되도록 말씀으로 양육하는 것이 중요하다고 생각합니다.

장 : 목사가 교회에 전도자를 세우기까지는 물질과 시간을 많이 투자해야 할 것 같습니다. 우리 교회의 경우 믿지 않는 사람도 읽게 되고 또 버리지 않을, 일상생활에 필요한 다양한 내용의 전도지를 매주 다르게 만듭니다. 목사가 일꾼을 만들고 성도들을 훈련시키자면 처음에는 많이 두려울 것입니다. 하지만 성도들에게 힘과 용기를 주고 배려하는 과정에서 기분도 좋아지고, 성도들끼리 모여 재미있어 할 때 차츰 전도에 대한 자신감이 생길 것입니다.

여기는 신도시라 거의 다 아파트인데 요즘은 입구에서 비밀번호를 누르지 않으면 들어갈 수도 없습니다. 그래서 동 대표나 부녀회 활동을 많이 하라고 성도들에게 권합니다. 그런 것들로 인해 문을 열 수 있는 기회가 생기고, 다양한 사람들을 만날 수 있는 확률도 훨씬 많아지기 때문입니다. 우리 교회는 새 성전에 오기 전부터 목사님이 직접 성도들에게 전도하러 나오라고 전화하시고 또 매일 함께 전도하셨습니다. 그렇게 매일 전도를 하다가 어느 순간 자신이 직접 전도의 열매를 맺었을 때 그 기쁨은 이루 말할 수 없습니다. 그런 기쁨이 있기 때문에 힘들어도 핍박이 있어도 또 나가서 하는 것입니다. 목사들이 같이 발로 뛰고 전도하고, 성도들은 자신감이 없어도 하나님 앞에 순종할 때 힘과 지혜를 주실 것입니다. 목회자가 이끄는 대로 하면 두 분처럼 훌륭한 전도자가 될 것이라 믿습니다.

핵심 note

1. 전도 일지를 기록하라

전도 대상자에 대한 세심한 메모, 전도 반응에 대한 꼼꼼한 체크, 그리고 전도 결과 등에 대한 기록을 지속적인 전도 및 양육에 참고한다. 한 번 실패한 전도 대상자라 하더라도 이러한 데이터를 통해 또 다른 방법으로 전도의 기회를 찾을 수 있다.

2. 예의를 갖추라

전도를 할 때는 복음의 내용도 중요하지만 전도자의 태도, 표정, 인격, 예의 등이 더 큰 영향을 미친다. 그러므로 때로는 전도 대상자가 노골적으로 불쾌한 감정을 드러내더라도 끝까지 예의를 지키는 것이 중요하다.

3. 전도 대상자에 대한 책임을 다하라

전도 대상자를 교회에 데리고 온 것이 전도의 끝이 아니다. 그들과 어울릴 수 있는 교인을 찾아 연결해 주고, 소그룹 리더를 소개하여 돌보게 하며, 예배에 참석하는 것까지 꼼꼼하게 관심을 갖고 챙겨야 한다.

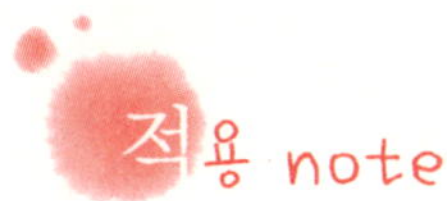

꿈의교회는 친근하면서도 호기심을 자극하는 홍보를 통해
불신자들에게 교회의 긍정적인 이미지를 쌓아 가고 있으며,
전도는 삶이자 습관이어야 한다는 목적 아래 1년 365일 전도대를 운영하고 있다.
이와 함께 조직적으로 전도에 동참하는 관계 전도를 통해
전도 과정에 있어 집중력을 발휘하게 되며,
생명축제를 열어 온 성도가 참여하는 전도의 열매를 맺고 있다.
전체 새신자의 80%가 정착에 성공하는 꿈의교회의 실례를 통해
효과적으로 적용할 수 있는 매뉴얼을 살펴보자.

Part / 3

각 교회에 적용할 수 있는 전도 사역 매뉴얼

Chapter 1
이미지 전도법 운영 매뉴얼 : 택시데이, 전철역 홍보, 꿈의교회 레포츠 센터

Chapter 2
전도 본부 운영 매뉴얼 : 365일 매일 전도

Chapter 3
관계 전도법 운영 매뉴얼 : 불신자를 친구로 삼는 관계 전도법

Chapter 4
생명축제 운영 매뉴얼 : 기획부터 연간 진행 일정까지

Chapter 5
새가족 양육 운영 매뉴얼 : 정착부터 신앙 훈련까지 새가족 양육의 모든 것

Chapter 1

이미지 전도법 운영 매뉴얼

-택시데이, 전철역 홍보, 꿈의교회 레포츠 센터

택시데이

택시데이는 꿈의교회만의 독특한 전도 행사로 지역 내의 택시 기사들을 섬기는 날이다. 전 교인이 교회에 택시를 타고 오는 날을 정하여 기사들에게 따뜻한 차와 교회 소개지, 책을 선물하면서 간접적인 전도를 하고, 그들을 통해 교회의 긍정적인 이미지도 전하는 계기를 마련하는 것이다. 택시 기사들은 지역을 돌아다니는 교회의 광고판이 될 수도 있고 그들의 한마디가 불신자들을 교회로 이끄는 데 큰 역할을 할 수도 있기에 이 전도 행사는 여러 가지 효과를 가지고 온다. 이는 자칫 일회적인 행사가 될 수도 있지만 교회 홍보와 전도라는 두 마리 토끼를 동시에 잡을 수 있는 전략적 이미지 전도임이 분명하다.

1. 택시데이의 목적

택시데이는 택시 기사들에게 교회의 이미지와 영향력을 알리고, 직접 교인들이 기사들을 만나 사랑을 전함으로써 전도를 행하며, 그들을 통한 전 안산 지역의 전도 효과를 기대한다. 그리고 성도의 입장에서도 쉽고 재미있게 전도할 수 있는 기회를 얻는다.

2. 기본 지침 사항

교회 봉사자들을 포함하여 모든 교우가 택시를 타고 교회에 온다. 택시 기사들에게 담임 목사의 저서인 『부부라는 이름으로 살아가는 이야기』와 캔 커피, 주보를 선물한다. 교회 차량은 3부와 4부 예배가 끝났을 때만 운행한다.

3. 준비 담당자

분야	항목	담당자	내용
기획		홍병수 목사	
동원		각 지역 담당 목회자	• 전 교인에게 택시데이 홍보(택시 이용) • 각 부서별(기관별) 택시 이용 홍보
홍보	• 차량 운행 코스(안내) • 현수막 • 선물 준비	유원선 전도사	• 주보에 삽지 배포 • 격려 메시지 • 『부부라는 이름으로 살아가는 이야기』, 음료수, 주보 준비
	기타	유원선 전도사	어깨띠, 부스 탁자 다섯 개

안내	안내 도우미	•2부 장로회 •3부 엔조이 T/D •4부 아버지 학교	
	피켓 도우미	청년부	격려 메시지 : 택시 기사 여러분 사랑합니다. 힘내세요.
	동물 탈 퍼포먼스	청년부	
차량	주차 안내	김덕로 장로	교회 앞 큰 도로의 왕복 구간에 택시 차량 안내
	차량 운전	정규태 장로	•기존 차량 코스 확인(편도로 운행) •중앙역 방면 특별 차량 배치
	피켓 제작	정규태 장로	•차량 코스 안내(차량 방면) 피켓 •격려 메시지 피켓
기록	영상 촬영	청년(조선아) 외	•당일 현장 상황 녹화 •택시 이용객들과 인터뷰
	사진 촬영	홍창기 집사	당일 신정범 목사에게 전송

4. 진행 매뉴얼

(1) 준비 단계(8:30, 10:00, 11:30)

자신의 시간에 맞춰 도착하여 교회 앞마당에 모여서 담당 목사와 더불어 기도로 시작한다. 기도 후에는 어깨띠를 두르고 택시 기사들에게 줄 선물을 확인한다(『부부라는 이름으로 살아가는 이야기』, 따뜻한 캔 커피, 주보 삽입 여부 확인). 선물이 부족하거나 없는 경우에는 옆 테이블에 있는 것을 쓴다. 캔 커피는 보온을 위해 일정 수량만 테이블 위에 올려놓으며, 보충 시 필요한 수량을 식당에서 가져온다. 2인 1조로 편성하여 자신의 위치로 이동한다.

(2) 택시가 오면

택시가 오면 양쪽 손에 각각 책과 캔 커피를 들고 기사에게 다가가 '행복한 하루 보내세요', '힘내시고 늘 안전 운행 하세요', '주님의 이름으로 사랑합니다', '주님의 이름으로 축복합니다' 라는 인사말을 건넨다.

(3) 예배 후

예배가 끝나기 전에 미리 나와서 성도들이 이용할 교회 차량으로 안내하고 각 방면별 버스 앞에서 피켓을 들고 성도들의 버스 탑승을 돕는다. 안내를 모두 마친 후에 다 같이 모여서 대표자가 기도하고 해산한다.

전철역 홍보

꿈의교회는 안산의 여섯 개 전철역과 자매결연을 맺고 그 장소들을 선점하여 홍보를 하고 있다. 안산시의 70만 인구 중 20만 명이 전철로 출퇴근하는 점을 이용하여 전철역에서 많은 지역 주민들에게 교회의 이미지를 선전하는 것이다. 전철역에서 펼치고 있는 세 가지 홍보 전략은 다음과 같다.

1. 양심 우산

양심 우산을 통해 안산 시민에게 편리함을 제공하고 있다. 각 역에 1회 60여 개 정도의 우산을 비치할 수 있는 장비를 구비하여 갑자기 비가 올 때 시민들이 사용할 수 있도록 준비해 놓았다. 이 우산에는 노란색으로 '꿈의교회'의 이름이 새겨져 있어서 자연스럽게 홍보가 되고 있다. 그리고 꼭 필요할 때 제공되는 우산을 통해 도움을 받으면서 교회에 감사함을 느낄 수 있을 것이다.

2. 쉼터

안산시 내에서 쉴 만한 장소가 부족한 곳을 찾아 쉼터를 조성함으로써 휴식과 만남의 공간을 제공하고 있다. 쉼터에 마련된 벤치는 단순한 형태의 형식적인 의자가 아니라 매우 독창적인 장식으로 꾸며져 특별한 장소에 온 듯한 느낌을 준다. 쉼터의 꾸밈새 자체가 꿈의교회를 홍보하는 매체가 되고 있다.

3. 안산 좋은 신문

〈안산 좋은 신문〉은 생활, 지역, 건강, 문화 등 여러 읽을거리를 제공하면서 교회의 소식을 마지막에 실어 복음을 전하는 효과가 있다. 매월 꿈의교회에서 발행하는 불신자에게 호감을 주는 이 신문을 모든 역에 비치하여 전철을 기다리면서 읽을 수 있도록 준비해 놓았다. 불신자들이 좋아하는 내용들이라 부담 없이 읽을 수 있으며 한편으로는 교회에 대해 긍정적인 생각을 갖게 한다.

꿈의교회 레포츠 센터

꿈의교회 초창기부터 선교적 맥락을 통해 세워진 원칙이 있는데 그것이 바로 문화적 접근이다. 특히 안산 지역이 가지고 있는 문화적 취약 분야에 집중하고 지역에서 감당하기 어려운 행사들을 교회가 주최하여 시민들에게 개방함으로써 정서 함양에 도움을 주고 있다. 많은 교회들이 문화 사역을 한다고 나서지만 대부분이 그 교회의 교인들을 위한 것으로 끝나는 경우가 많다. 대개가 교인을 위주로 진행되고 나머지가 불신자를 대상으로 한다. 불신자를 대상으로 하더라도 총동원 전도 주일 정도에 그치는 것이 보통이다.

그러나 꿈의교회는 1년 열두 달 모든 문화 행사를 지역 주민에게 개방하고 있다. 음악회, 연주회, 연극, 영화, 세미나, 전시회 등을 개방하는 것은 기본이고 꿈의교회 레포츠 센터를 통해 시민들을 위한 문화 사역을 펼쳐 문화 활동의 중심지로 자리매김하고 있다.

현재 영어, 일본어, 중국어 등 어학 분야, 플루트, 바이올린, 색소폰 등 음악 분야, 풍선 아트, 스텐실, 리본 아트, 꽃꽂이 등 특기적성 분야를 비롯한 다양한 영역에 최고의 강사진을 구성하여 수준 높은 교육을 제공함으로써 교양과 지성을 쌓을 수 있는 평생 교육의 장으로 기능하고 있으며, 1천여 명의 지역 주민이 등록하여 이러한 문화적 혜택을 누리고 있다.

[꿈의교회 스포츠 선교회 모임 안내]

선교회명	모임시간	모임장소	회 장 (성명,연락처)
탁구선교회 (PING-PONG)	(목) 오후 7시-10시	꿈의교회 체육관	장홍기권사 (011-213-4249)
	(토) 오후 5시-7시	꿈의교회 체육관	
볼링선교회 (드림볼링)	(토) 오후 8시30분-10시	월드스포센(사동)	진병곤권사 (010-7557-5253)
배드민턴선교회 (다사랑)	(월-토) 오전 6시-10시	꿈의교회 체육관	이지형집사 (010-3574-2008)
	(화,목) 오후 7시-10시	꿈의교회 체육관	
	(수) 오후 8시30분-10시	꿈의교회 체육관	
	(토) 오후 5시-8시	꿈의교회 체육관	
족구선교회 (드림족구)	(월) 오후 7시-10시	꿈의교회 체육관	이강년집사 (010-8768-8566)
	(토) 오후 5시-10시	꿈의교회 체육관	
축구선교회 (DREAM F.C)	(주) 오후 3시-6시	민속운동장(꿈의교회 뒤편)	이정열권사 (010-5343-4821)
	(월) 오후 7시-10시	풍경운동장(가오닉스 옆)	
골프선교회 (DREAM GOLF)	(월,화,목,토) 오후 8시-10시	실내골프연습장(중앙동)	이강년집사 (010-8768-8566)
	(주) 오후 3시-6시	실내골프연습장(중앙동)	
야구선교회 (드림야구)	(토) 오후 3시-5시	공영운동장 (양지중학교건너편)	주영길집사 (010-8788-2345)

핵심 note

1. 섬기며 전도할 수 있는 방법을 개발하라

택시데이는 병원 측에서 손님을 태우고 들어오는 택시 기사들에게 음료수를 주는 것을 보고 아이디어를 얻었다. 이처럼 거창한 행사가 아니더라도 열심히 땀 흘려 일하는 사람들에게 작은 친절과 서비스를 제공하면서 전도할 수 있는 기회를 잡는다.

2. 곳곳에서 교회의 긍정적 이미지를 발견할 수 있게 하라

인근 전철역과의 자매결연으로 출퇴근 장소를 선점하여 교회의 이름이 새겨져 있는 우산을 비치하고, 시민들에게 안락한 쉼터를 제공하는 등 여러 가지의 배려를 통해 교회에 대한 긍정적인 이미지를 조성한다.

3. 문화 시설 기관을 마련하라

음악회, 연주회, 연극, 영화, 전시회 등의 문화 행사를 지역 주민들에게 개방하여 그들이 교회에서 제공하는 문화 콘텐츠를 즐길 수 있게 한다. 이것이 전도로 이어질 수 있는 고리를 제공하게 된다.

Chapter 2

전도 본부 운영 매뉴얼 - 365일 매일 전도

365일 전도대

1. 365일 전도대원의 정의

'안산의 성시화'의 비전을 품고 그리스도의 복음을 심는 사람이라는 의미로, 전도의 개념을 '사람을 만나 복음을 제시하는 것'으로 생각하지 않고 '지역을 조사하고 간접적으로 교회를 소개하는 것'으로 정의하여 진행한다. 이는 준비되고 훈련된 전도자로서의 특공대원이 아니라 시간을 내서 헌신할 수 있는 사람을 뜻하며, 2007년도 꿈의교회의 영혼 구원 사역의 붐을 일으키기 위해 먼저 부름 받은 사람일 뿐 특별한 은사나 재능이 필요한 것이 아니다.

즉, 우리는 전도에 특출한 사람이 아닌 '시간의 헌신자'를 요구하는 것이다.

2. 365일 전도의 목적

전도는 삶이어야 한다. 삶이 되기 위해서는 전도가 습관이 되어야 한다. 먼저 교회가 전도하는 습관을 갖기 위해 365일 쉬지 않고 전도하는 교회가 되고자 한다. 또한 성도들이 속회와 전도대(교구)를 통해 전도의 사명을 실천할 수 있도록 365일 전도를 시작한다.

3. 전도 준비와 출발

먼저 담당 교구 내의 모든 속회원(해당 전도대원)들에게 사전에

연락하여 참석을 권면한다. 매일 오전 10시에 교회에 모여서 출발하는 것을 원칙으로 하여 비전센터의 지하 1층 식당에 집결한다. 그러나 상황에 따라 예외적으로 오후에 모여 출발할 수 있으며, 교회에서 출발할 수 없는 먼 지역의 경우도 예외로 인정한다. 모인 후에는 2인 1조로 전도지(주보, 〈안산 좋은 신문〉, 일반 전도지)를 할당하고 전도할 지역에 대한 조를 편성하며 담당 지역을 배분한다.

주요 사항들의 준비가 완료되면 전도를 위한 기도에 들어간다. 전도자에 대해서는 '담대하게, 온유하게, 지혜롭게 주의 손과 발이 되어 전도하게 하소서.' 라고 하며, 전도 현장을 위해서는 '우리가 밟는 곳에 영적 어둠이 사라지게 하소서. 전도의 방해 세력을 물리쳐 주소서.' 그리고 전도 대상자를 위해서는 '만나는 사람마다 그리스도의 사랑이 전달되게 하소서. 그리스도를 영접하는 역사가 있게 하소서.' 라고 기도한다. 전도 파송의 찬양으로는 '가라 가라 세상을 향해'(손뼉 치며 두 번 반복)를 부른다.

4. 전도 장소

지역 전도대는 자신의 지역 내에서 전도 장소를 정하고 그 외의 전도대는 전도대장의 지휘하에 특성에 맞게 정한다. 팀장이 장소를 선정하고 이를 사전에 대장과 협의하여 결정한다.

5. 전도 일시와 시간

전도는 매일 오전에 하며, 전도 일시는 월요일, 수요일, 목요일,

금요일, 토요일로 한다. 전도 시간은 오전 10시 30분부터 12시 30분으로 하여 2인 1조로 움직인다. 전도지(설교 신문)를 전달하거나 현관문에 부착하며, 각 세대별로 종교 상황과 전도에 대한 반응을 기록한다.

6. 전도 방법

전도대장과 전도 팀장이 인솔하며, 현장에 도착하면 인솔자가 짧게 기도한 후 전도를 시작한다. 주택과 아파트의 경우에는 신문을 문 앞에 놓거나 우유 주머니에 넣어 두고, 주보나 전도지는 문에 붙여 놓는다. 초인종을 누르고 '꿈의교회에서 나왔습니다.' 라는 인

사말로 소속된 곳을 분명히 밝힌 후 '신문을 전하러 왔습니다. 좋은 내용이 참 많습니다.' 등의 친근한 대화로 신문을 전달하며 상황에 따라 복음을 제시한다.

노방(상가)의 경우에는 만나는 사람마다 신문을 나눠 주며 '꿈의 교회를 들어 보셨습니까? 한빛방송의 '김학중 목사의 희망 이야기' 칼럼을 아십니까?'라고 물으며 역시 상황에 따라 복음을 제시한다.

어린이와 중고등부의 경우에는 세대에 맞게 전도지나 전도용품을 선정하여 거리감을 좁히면서 복음을 제시한다.

이러한 모든 경우에 있어 전도자들은 개인별로 작은 전도 수첩을 준비하여 전도 대상자(가정)의 상황을 기록해서 지속적으로 관계 전도를 이어 가도록 한다. 전도 시간은 한 시간에서 한 시간 30분 정도가 적당하며, 현장 전도를 마치면 다 같이 모여 잠시 전도 경험을 나누고 전도 팀장이 짧게 기도한 후 해산한다.

7. 전도를 마치고

팀장은 반드시 교회로 돌아와서 본당 2층 후문 입구의 벽면에 설치된 '365일 운영 현황표'에 전도 결과를 기입한다. 다음의 예를 참고한다.

- 전도대 : 1지역
- 참석 인원 : 20명
- 전도 장소 : 본오1동 / 양지마을
- 작성자 : 최신애

교구별 전도

1. 교구별 전도의 목적

앞에서 언급했듯이 전도는 삶이어야 한다. 그러기 위해서는 전도가 습관이 되어야 한다고 말한 바 있다. 따라서 교구별로 전도를 습관화하기 위한 캠페인과 훈련의 차원으로 '교구별 전도'를 진행한다. 성도들이 셀을 통해 전도의 사명을 실천해 나가도록 한다.

2. 전도 준비와 실행

자신의 교구에 해당되는 전도 시간을 귀하게 여겨 미리 시간을 마련한다. 교구별 전도 담당 일정표를 확인하여 다 같이 모여서 전도할 대상 지역을 선정한 후 그곳에 모여 전도지를 배분하고 전도할 지역에 대한 조(2인 1조)를 편성한다. 그리고 전도를 위해 모두

가 합심으로 기도한다.

사람들에게 전도지를 직접 나눠 주거나 현관문에 부착하며, 한 사람이 40개 정도의 분량을 소화하도록 한다(2인 1조당 80개의 전도지 사용). 전도지는 주보, 설교 신문, 일반 전도지로 하며, 비전센터 지하 1층 로비의 전도지 배부처(엘리베이터 입구)에서 가져가면 된다. 전도가 끝나면 인도자의 기도로 마무리한다.

3. 전체 셀 전도

매월 첫째 주 수요일부터 금요일까지는 '전체 셀 전도의 날'이다. 셀원 전체가 〈안산 좋은 신문〉을 자신의 주변에 배포한다.

핵심 note

1. 365일 전도대를 만들라

   전도를 습관화하기 위한 훈련 차원에서 소그룹별로 2인 1조가 되어 매일 오전 노방 전도를 실천한다.

2. 준비성을 갖추라

   각 세대별 종교 상황과 전도에 대한 반응을 조사한 후 다양한 전도 용품을 준비하여 전도에 나선다. 상황과 대상자에 맞는 융통성 있고 전략적인 방법이 전도를 성공으로 이끈다.

3. 성실함을 우선시하라

   전도는 특별한 은사나 재능이 필요한 것이 아님을 강조한다. 영혼을 사랑하는 마음과 기도로 성실히 준비하는 태도 등 섬김과 헌신의 자세를 가진 것만으로도 충분하다. 이는 크리스천이라면 누구나 품어야 할 마음과 자세임을 교육해야 한다.

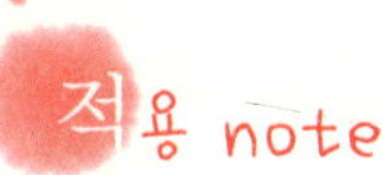

Chapter 3

관계 전도법 운영 매뉴얼

- 불신자를 친구로 삼는 관계 전도법

관계 전도의 과정

1. 기도하기

(1) 기도로 전도 대상자 선정하기

[VIP 카드]

♥ VIP를 위한 기도 제목 ♥

1. 주여, 나에게 당신이 택하신 귀한 영혼을 붙여 주소서!
2. 나의 VIP가 하나님의 사랑에 목마르게 하소서!
3. 나의 VIP 앞에 놓인 은혜의 장애물을 거두어 주소서!
4. 그들의 삶 곳곳에 하나님의 축복이 충만하게 하소서!
5. 그들이 예수 그리스도를 영접하여 구원 받게 하소서!

♥ VIP 명단 ♥

1.________ 2.________

기도 도우미 ________

1.________ 2.________

(2) 중보 도우미 되어 주기

(3) 기도 점검표 작성하기

[기도 점검표]

하나님께 보고 드립니다!

년 월 일 ________속

이름	교회를 위해	담임 목사님을 위해	소그룹을 위해	생명축제를 위해	소그룹 초청의 날을 위해	VIP를 위해	중보 도우미를 위해

(4) 작정 기도 기간 정하기

2. 관계 맺기

구분(계기)	특별한 필요	자발적으로	목사	가정 심방	주일 학교	전도 집회	교회 프로그램	**친구 혹은 친척**
내용	1~2%	2~3%	5~6%	1~2%	4~5%	0.5%	2~3%	**75~90%**

[표 1] 불신자가 교회를 찾게 된 계기(14,000명 설문 조사 결과)

(1) 불신자와 친구 되기

(2) VIP에게 다가서기

(3) 섬김으로 마음의 문 열기

(4) 간증으로 복음 전하기

자신이 그리스도를 영접하기 이전에 어떠한 삶을 살았는지 이야기한다. 그러나 과거의 죄를 자세히 말하거나 자랑하는 것은 삼간다. 그리스도를 만난 경험을 나눌 때는 어떤 사건과 환경이 그를 영접하게 했는지에 대해서 종교적인 전문 용어가 아닌 누구나 쉽게 이해할 수 있는 단어를 사용하여 이야기한다. 그리스도를 만난 이후의 삶의 변화에 대해서는 그리스도가 자신의 삶을 어떻게 변화시키셨는지 그리고 크리스천이 된 후 경험한 은혜는 무엇인지를 이야기하고 함께 나눈다.

3. 전도 그물 내리기

요한복음 4장 37절을 보면 "한 사람이 심고 다른 사람이 거둔다."라는 말씀이 있다. "나는 심었고 아볼로는 물을 주었으되 오직 하나님께서 자라나게 하셨나니 그런즉 심는 이나 물 주는 이는 아무것도 아니로되 오직 자라게 하시는 이는 하나님뿐이니라 심는 이와 물 주는 이는 한가지이나 각각 자기가 일한 대로 자기의 상을 받으리라 우리는 하나님의 동역자들이요 너희는 하나님의 밭이요 하나님의 집이니라."라는 고린도전서 3장 6~9절에서도 전도는 결코 혼자 하는 것이 아님을 성경은 분명히 하고 있다.

또한 마가복음 1장 17절에서 예수님은 한 무리의 어부들에게 "나를 따라오라 내가 너희로 사람을 낚는 어부가 되게 하리라."라고 말씀하셨다. 이는 Part 2의 Chapter 3에서 소그룹 중심의 관계 전도에 대해 말할 때도 언급한 내용이다. 여기서 우리가 유념해야 할 것은 '사람을 낚는 어부가 되어라.' 라는 말씀이 낚시꾼을 염두에 둔 것이 아니라 '그물을 사용하여 다른 사람과 더불어 더 많은 고기를 잡으라.' 라는 뜻이라는 점이다(요한복음 21:6; 누가복음 5:6, 7).

4. 소그룹 초청의 날 – '마태의 잔치' 준비

우리가 잘 알고 있는 일명 '마태의 잔치'(마태복음 9:9~13; 누가복음 5:27~32)는 소그룹 초청의 날의 성서적 근거가 되는 모델이

다. 예수님은 세관에 앉아 있는 세리 마태에게 "나를 따르라." 하며 부르신다. 마태는 예수님의 부르심에 모든 것을 버리고 일어나 따랐다. 그리고 마태는 자기 집을 개방하여 큰 잔치를 베푼다. 그 자리에 자기와 관계있는 사람들을 초청한다. 거기에는 같은 업종에 종사하는 세리들도 있었고, 당시 유대 인들이 죄인으로 취급하던 사람들도 다수 초대되었다. 예수님은 풍족하고 편안한 잔치 자리에서 먹을 것을 함께 드시며(마태복음 11:19) 교제를 나누셨다. 그러면서 진리의 복음이 세리와 죄인들의 마음과 영혼에 자연스럽게 스며들도록 하셨다.

5. 소그룹 초청과 생명축제의 차이점

소그룹 초청과 생명축제는 불신자와 친구가 되어 그들이 편안하게 교회에 다가올 수 있도록 하는 '관계전도'라는 측면에서 동일하다. 하지만 각 프로그램과 형식의 모임 및 목적 등은 다음과 같은 차이점을 지니고 있다.

소그룹 초청의 날	생명축제
소그룹 중심의 프로그램	대그룹 중심의 프로그램
느슨한 형식의 모임	철저한 시나리오를 가지고 있는 구도자 집회
교제와 친교에 목적이 있음	결신시키는 데 목적이 있음
목회자의 개입 없이 소그룹에서 돌봄	속회+담당 목회자+교회 양육 시스템이 모두 가동됨

핵심 note

1. 간증을 나누라

불신자들에게 직접적으로 복음을 전하는 것보다는 친분 관계가 형성된 상황에서 교인들의 간증을 토대로 복음에 관심을 갖게 하는 것이 더 효과적이다.

2. 복음 메시지를 전하라

불신자들이 관심을 가질 수 있는 화제 등으로 자연스럽게 교제하되 최종 결론은 반드시 예수 그리스도의 복음이 되도록 이야기를 유도한다.

3. 듣는 것을 연습하라

불신자들의 말이 교리적으로 잘못되었거나 오류가 있을지라도 비판하거나 무리하게 고쳐 주려 하지 말고 일단 그들의 말에 공감해야 한다.

적용 note

Chapter 4

생명축제 운영 매뉴얼

-기획부터 연간 진행 일정까지

생명축제 연간 진행표

생명축제의 연간 진행표를 보면 4월부터 11월까지 행사가 진행됨을 알 수 있다. 이를 위한 철저한 준비는 행사 자체의 진행적인 면에서도 그 완성도를 높일 수 있으며, 교인들에게도 4월부터 전도해야 함을 주지시켜 전도가 생활화되고 유지되어야 한다는 것을 알리는 역할을 한다.

대부분의 교회들이 이러한 생명축제를 일회적인 연간 행사로 마치는 경우가 많은데, 이를 방지하기 위해 행사를 연초부터 미리 준비하고 행사가 끝나면 후속 단계인 새가족 정착 프로그램을 가동하여 생명축제가 새가족들을 초청하고 신앙생활의 시작을 돕는 진정한 행사였음을 교인들로 하여금 깨닫게 해준다.

[생명축제 연간 진행표]

단계	기간	주요 활동	주요 분과
파종기 (작정 단계)	4~6월	선포식, VIP 카드 배부, 홍보 영상 방영, 전도 집회	기획, 동원, 홍보·자료
성장기 (접촉 단계)	7~9월	속회 전도 교육, 접촉 자료 제공, 접촉 행사(바자회, 체육 대회, 음악회 등)	기획, 동원, 등록, 예배·기도
수확기 (초청 단계)	10~11월	대내외 홍보, 홍보 영상 방영, 생명축제 촉구 강단 메시지	동원, 홍보·자료, 예배·기도, 총무
휴지기 (후속 단계)	12~3월	• 새가족 정착 프로그램 가동(4그물, 70어부) – 4그물 : 예배, 속회, 훈련, 사역 – 70어부 : 목회자, 바나바, 인도자, 속장, 선교회장, 훈련자, 사역장 • 비결신자 접촉 • 내년도 구상(강사 섭외, 일정 수립)	등록, 예배·기도

생명축제 준비

1. 기획 운영 팀 구성

기획 팀은 집회의 전체적인 방향과 목표를 설정하며, 집회에 대한 세부적인 준비를 실행할 분과 위원회를 만들고 담당자를 세워 모든 준비 과정을 지도, 감독한다. 준비 업무의 성격에 따라 다양한 분과 위원회를 둘 수 있다. 각 분과 위원회는 교역자와 평신도가 한 사람씩 책임자가 되고, 모든 교역자와 평신도 지도자들이 협력하여 집회를 위한 실제적인 준비를 수행하게 된다.

기획 분과는 기획 회의를 통해 결정된 생명축제의 목표와 방향에 근거하여 세부 지침을 세우고 집회의 전체적인 준비 및 진행 상황을 지도한다.

동원 분과는 각 지역과 개별 단위(기관, 부서, 사역 팀 등)에서 VIP의 작정과 관리가 잘 이루어지도록 점검하고 독려하며 교회 내 리더들을 위한 교육을 기획, 실행한다. 집회 행사 시 교인과 VIP 동원도 동원 분과에서 지휘한다.

홍보·자료 분과는 성도들에게 생명축제의 목적과 내용을 인지시키고, 가능한 모든 매체를 동원하여 대내외에 효과적으로 홍보하며, 집회를 준비하고 진행하는 데 필요한 각종 자료들을 제작, 공급(배포)한다. 서기는 촬영 및 기록을 담당하여 각 분과별 활동 기록을 정리한다.

등록 분과는 VIP 작정 카드를 접수하여 전산에 입력, 관리하고 통계를 분석하며 VIP 방문 및 등록상황실 운영을 맡는다. 그리고

VIP 접촉을 위해 필요한 각종 전도 자료들을 보급하며, 결신자를 관리하기 위한 후속 방안을 연구 및 시행한다. 행사 후에 바나바 사역과 연계되며 비결신자를 위한 후속 조치도 마련한다.

총무 분과는 생명축제의 예산을 수립, 집행, 결산하며 주차 안내 및 여러 안전사고에 대비한 업무 등을 책임진다. 교회 예배실 내부를 제외한 외부 시설을 관리하고 강사 접대 및 다과 준비 등을 도맡아 하며, 어린이 돌봄 프로그램을 기획하고 시행한다.

마지막으로 예배·기도 분과는 예배에 관계된 여러 업무(예배실 시설 점검, 예배 프로그램 기획, 예배 진행), 안내 사역(교육), 예배를 위한 영상 및 방송 관련 업무, 찬양 팀 운영, 기도 사역(기도 카드 제작, 기도 모임, 릴레이 기도 등)을 통한 중보 기도 사역 등을 진행한다.

2. 방향성 설정

(1) 주제(테마) 선정

모든 성도가 기억할 수 있고 행동으로 옮길 수 있는 실제적인 테마를 선정한다.

2005년 : 이제야 선물을 드립니다

선물을 좋아하지 않는 사람은 없다. 선물은 물질적인 것 이전에 마음의 정성이 담겨 있기 때문이다. 전도는 복음을 선물로 담아 주는 것과 같다. 생명축제라는 것이 신자가 불신자에게(사랑하는 VIP

에게) 선물을 주는 자리가 되자는 취지에서 선물을 콘셉트로 했다. 오랫동안 주고 싶었던 그 선물을 죄송하게도 이제야 전하게 되었다는 겸손함과 진지함의 고백으로 이 테마를 선정했다.

2006년 : 우리의 행복한 시간

김이 모락모락 나는 화롯가에 둘러앉아 따끈한 고구마를 호호 불며 정겨운 이야기를 나누던 어린 시절, 아름다운 기억들을 떠올리며 함께 웃고 즐거워했던 행복한 시간이 있었다. 그 옛날 추억 속의 자신을 그려 보고 현재의 나, 더 나아가 미래의 나의 모습을 그려 보는 삶의 여유를 찾길 바라는 마음에서 이 테마를 정하게 되었다. VIP에게 자신의 행복을 전함으로써 생명축제가 모두에게 행복한 시간이 되고, 가족과 친구, 주변 사람들이 하나님과 함께하는 귀중한 시간을 만들어 가길 바라는 소망이 담겨 있다.

2007년 : 내 마음의 보석 상자

'내 마음의 보석 상자'는 가수 해바라기가 불렀던 노래의 제목이다. "난 알고 있는데 우리는 사랑하고 있다는 것을, 우린 알고 있었지 서로를 가슴 깊이 사랑한다는 것을……." 노래의 가사처럼 우리는 서로를 가슴 깊이 사랑하고 있다. 다만 그것을 표현하지 못할 뿐이다. 우리 모두의 가슴에는 하나님이 주신 보석이 가득 담겨 있다. 그 마음의 상자를 열어 사랑의 보석을 각자의 VIP에게 전하자는 취지로 이 노래 제목을 선택하게 되었다. 생명축제를 통해 반짝반짝

빛나는 그 보석을 VIP가 깨닫게 되기를 희망하는 테마였다.

2008년 : 내 인생의 터닝 포인트

김학중 목사의 책 『내 생각의 터닝 포인트』를 보면 "사람은 생각을 어떻게 하느냐에 따라 그 인생이 바뀐다."라는 말이 있다. 그렇기에 각자의 소중한 VIP에게 인생의 터닝 포인트를 제공해야 한다. VIP의 생각이 바뀌면 그의 인생도 바뀔 것이기 때문이다. "긍정적인 생각으로 기도할 때 긍정적인 결과를 얻을 것이다. 긍정적인 생각으로 알찬 결실을 맺는 인생이 되도록 다 함께 노력하자." 이렇게 책에서 말한 것처럼 항상 긍정적인 생각으로 기도해야 한다. 긍정적인 생각으로 시도하고 도전하여 아름다운 열매를 맺는 기회를 찾아 이번 생명축제가 모두의 인생에 터닝 포인트가 되기를 염원하는 뜻으로 이 테마를 선정했다.

(2) 집회 강사 선정

강사는 반드시 복음의 메시지를 선명하게 전할 수 있는 사람으로 선정해야 한다. 생명축제의 대상자는 기존 신자가 아니라 불신자(전도 대상자)이기 때문이다. 생명축제는 한국 교회의 대부분의 집회가 진행하는 기존 신자들 대상의 심령 부흥에 초점을 맞춰 부흥회식으로 진행되는 것을 원천적으로 지양한다. 메시지의 내용과 강사의 선정은 초대되어 올 불신자(낙심자)를 대상으로 한 구원 메시지를 감당할 수 있는지의 여부가 조건이 된다.

생명축제 진행 과정

1. 생명축제 선포식

생명축제의 시작을 알리고, 교회의 속회 및 모든 기관(부서)이 11월의 집회까지 집중할 것을 선포하는 시간이다. 선포식의 의의는 각 지역별 리더(속장, 장로)가 중심이 되어 성도들(지역 중심)이 주체가 되는 생명축제임을 알리고 모두가 성공을 다짐하는 데 있다. 선포식을 기점으로 현수막이 걸리고, 생명축제상황실(등록 분과)이 운영된다. 각 속회별, 개인별로 VIP 작정을 시작하여 접수에 들어간다. 다음의 표는 선포식 진행 시나리오다.

2008 생명축제 선포식(9월 7일 주일 예배)

▶ 시간 : 각 예배 헌금 봉헌 후 파송 전에

▶ 준비물 : 생명축제 홍보 스티커

순서 의미 설명(1분)

담당 담임 목사

내용

• 여러분에게 나눠 드린 스티커를 성경 앞면에 붙이십시오. 성경이 없는 분은 앞의 받침대 위에 놓으십시오.

• 이제 제 이야기에 잠시 귀를 기울이시기 바랍니다. 성경에는 참으로 많은 사람의 이야기가 나오는데 특히 예수님을 만나 인생이 바뀐 사람들이 많습니다.

• 바울 : 그는 요즘 말로 엘리트 코스를 밟은 인재 중의 인재였고 향후 성공이 보장된 위치에 있었습니다. 신념이 워낙 강하고 자기 일에 몰두하는 사람이었기에 바울의 앞날은 그야말로 탄탄대로였습니다. 그런데 그가 다메섹으로 가던 중 예수님을 만났고, 그의 인생은 터닝 포인트를 맞게 됩니다.

• 삭개오 : 그는 당시 세금을 걷는 세리장으로서 우월한 권한을 기반으로 많은 부를 축적했습니다. 그러나 그에게는 키가 작다는 열등감이 있었습니다. 또 직업 때문에 죄인 취급을 받으며 고립되었기에 자기만의 높은 성을 쌓고 살았습니다.

그러던 그가 예수님을 만났고 그의 삶은 일대 전환을 맞게 됩니다.

- 우리는 저마다 인생에서 여러 가지 계기를 맞으며 살아갑니다. 성공과 실패의 계기, 건강과 질병의 계기, 행복과 불행의 계기를 접하게 됩니다. 그 가운데 인생을 올바르게 전환할 계기가 있어야 합니다. 하나님은 지금 우리에게 그 인생을 전환할 기회를 주시려고 합니다. 바로 이 생명축제가 우리 인생에 터닝 포인트가 되길 하나님은 원하십니다.

순서 다짐 표현(2분)

담당 전 성도

내용

- 어떤 기회를 통해 교회에 처음 오게 되었습니까? 누군가의 손에 이끌려, 그 사람의 권유와 애틋한 마음에 이끌려 나오지 않았습니까? 그때가 바로 삶의 막막함으로부터 해결책이 필요했던 때가 아니었나요?
- 예수님을 만난 뒤 어떻게 변했습니까? 여러분의 생각, 말, 습관, 행동, 성품, 인생의 진로, 삶의 목적이 달라지지 않았습니까?
- 누군가가 여러분을 이끌었듯이 여러분의 손도 누군가에게 꼭 필요합니다. 그 손을 전도 대상자인 VIP에게 내미십시오. 그 사람을 변화시킬 인생의 터닝 포인트로 이끄십시오.

• 이제 오른손을 성경 위에 놓으십시오. 성경이 없는 분은 앞에 놓인 스티커 위에 손을 얹으십시오. 성경 위에 손을 얹는다는 것은 하나님 앞에 약속한다는 뜻입니다. 부부가 결혼을 서약할 때 성경 위에 손을 얹듯이 말입니다. 그리고 저를 따라 외치십시오.

- 주님, 생명축제가 내 인생의 터닝 포인트가 되게 하옵소서.
- 주님, 나를 통해 바울과 같은 위대한 사람이 나오게 하옵소서.
- 주님, 내게 주신 삶의 행복을 나눠 주겠습니다.
- 주님, 성경 위에 얹은 이 손으로 나의 VIP를 주님께 인도하겠습니다.

순서 다짐 기도(1분)

담당 전 성도

내용

성경에 손을 얹은 채 그대로 기도합시다. 조금 전 우리가 외쳤던 것처럼, 생명축제가 나를 포함하여 우리 모두의 인생에 터닝 포인트가 되게 해달라고 기도합시다. 이번 생명축제 때 나를 통해 위대한 일이 이루어지게 해달라고 기도합시다. 말뿐만이 아닌 행동으로 실천하는 생명축제를 만들겠노라고 결단하며 함께 소리 내어 기도하겠습니다.

순서 **축복 선언(1분)**

담당 **담임 목사**

내용

이제 여러분을 축복합니다. 주님, 내 인생에 축복의 터닝 포인트를 허락해 주옵소서. 나를 통해 가정이 달라지고 교회가 변화하며 내 삶의 환경이 바뀌게 하옵소서. 많은 사람들을 넉넉히 책임질 수 있는 큰사람 되게 하옵소서. 이제부터 주님이 주신 축복을 누리며 살게 될지어다. 구원 받은 자로서 삶이 천국으로 변할지어다. 예수님의 손처럼 쓰임 받을지어다. 이번 생명축제에 기적이 나타날지어다. 주님께 인도하는 사람 낚는 어부가 될지어다. 예수님의 이름으로 축복하며 기도합니다.

2. VIP 작정 시작

각 속회별로 VIP 카드를 나눠 주어 VIP를 작정하게 하고 접촉해 나가도록 한다. 교회 차원에서 주일 예배 때 VIP 카드를 나눠 주어 VIP를 작정하게 하고 수합한다.

3. VIP를 위한 기도

소그룹에서의 중보 기도는 매주 모일 때마다 빈 방석을 놓고 VIP를 위해 기도하는 형식으로 한다. 교회에서의 연합 기도로는 VIP를 위한 중보 기도 제목을 주보에 올린다. 그리고 예배 시 중보 기도 때 성도 모두가 기도하며, 중보 기도단에서 매주 기도한다. 개인의 연속 기도는 VIP 작정 카드에 있는 짧은 기도 제목을 가지고 개인이 계속하며, 릴레이 체인 기도로는 지역별, 기관별로 순서대로 짜인 표에 근거하여 릴레이로 기도한다.

4. VIP와 지속적으로 좋은 관계 형성

VIP에게 빛과 소금의 삶을 보여 주면서 신뢰할 만한 좋은 관계를 지속적으로 형성해 나간다. 그러기 위해서는 먼저 인격적인 관계를 맺어야 한다. 교인 확보 차원에서 접근하지 말고 영혼을 사랑하는 마음으로 만나야 하며, 상대방을 이해하고 받아 주면서 단번에 되리라는 기대보다는 기도하며 끝까지 포기하지 않는다.

5. 여러 방법을 통한 VIP와의 접촉-속회와 교회로 초대

VIP에게 전도를 할 때 가장 좋은 방법은 교회에 한번 오게 하는 것이다. 일단 교회에 발을 들여놓으면 그만큼 전도가 용이해진다. 그렇다고 단순히 예배에 참석시키기만 하면 된다는 뜻은 아니다. 여러 가지로 교회와 접촉할 수 있는 기회를 만들어야 한다는 의미다. 이를 위해 교회는 접촉점으로서의 행사나 프로그램을 기획하고 제공해야 한다. 교회가 교인들의 기호나 기대에만 부응하는 것이 아니라 교회 밖에 있는 사람들의 필요와 관심사에 초점을 맞출 때 그들이 교회에 발을 디딜 수 있게 된다.

또 하나, 교회와의 접촉을 꺼리는 경우나 사정상 안 되는 경우에는 소그룹을 접촉점으로 삼을 수 있다. 교회라는 장소가 왠지 부담스럽고 낯선 경우에는 속회처럼 비교적 가볍고 편한 자리를 통해 믿는 자들의 모임에 자연스럽게 동화되는 편이 나을 것이다. 그러기 위해서는 소그룹이 불신자들에게 열린 공동체여야 한다.

무엇보다 중요한 것은 개인이 VIP와 얼마나 접촉했느냐에 따라 생명축제의 성패가 결정된다는 사실이다. VIP와의 접촉을 위해 교회는 전도지와 전도 물품을 제공하고 방법을 가르쳐 준다. 소그룹에서는 VIP를 위해 얼마나 기도했고 접촉했으며 반응은 어떠했는지를 꼼꼼하게 체크한다. 그리고 여러 가지 실천적인 방법들을 함께 토론하며 서로를 도와주어야 한다.

[2008년 11월 9일 생명축제 시나리오(주일 2, 3, 4부 예배)]

시간	소요	순서	내용	무대	음향/영상	조명
08:00~08:20 09:40~10:00 11:40~12:00	20분	찬양	• 당신은 사랑 받기 위해 태어난 사람 • 손을 높이 들고 • 나를 사랑하는 주님 • 난 예수가 좋다오	찬양 팀 20분 전부터	찬양 시작 전까지 BGM 찬양 가사 자막	무대 전체 ON
08:20~08:22 10:00~10:02 12:00~12:02	2분	인트로 영상	교회 소개 및 환영 영상	찬양단 퇴장	교회 소개 영상	무대 전체 OUT
08:22~08:45 10:02~10:25 12:02~12:25	23분	초청 가수의 공연과 간증	사회자(신용욱 목사)의 가수 소개 – 2부 : 소리새 – 3부 : 장재남 – 4부 : 해바라기	결단 찬양 쪽에서 초청 가수 등단	사회자 MIC CD MR 또는 기타 라인	결단 찬양 조명 ON 무대 전체 ON
08:45~08:50 10:25~10:30 12:25~12:30	5분	드림 뉴스	연예인들의 환영 영상 (김혜자, 정종철, 장경동, 김문훈) 드림 뉴스		연예인 영상 및 드림 뉴스	전체 조명 OUT
08:50~08:55 10:30~10:35 12:30~12:35	5분	초청자 환영 세레모니	담임 목사 인도 "주의 사랑으로 환영합니다" 박수 치며 찬양	담임 목사 등단	신디 배경 음악	무대 중앙 ON
08:55~08:56 10:35~10:36 12:35~12:36	1분	말씀 봉독	요한복음 14:25~27	말씀 봉독 영상		무대 조명 OFF
08:56~09:21 10:36~11:01 12:36~13:01	25분	말씀 선포	"평안을 드립니다"	• 성경 구절 자막들, 사진들 • 결단 BGM : 3개 대지 후 시작		전체 조명 ON
09:21~09:26 11:01~11:06 13:01~13:06	5분	Calling	담임 목사 인도	담임 목사 등단	신디 배경 음악	무대 전체 ON
09:26~09:31 11:06~11:11 13:06~13:11	5분	결단의 시간	"여러분"	2U(트루바인 소속 가수)	CD MR	결단 찬양 조명 ON
09:31~09:35 11:11~11:15 13:11~13:15	4분	축도	파송의 찬양(당신은 사랑 받기 위해 태어난 사람) 및 축도	스크린 노래 시작하면서 올림 자막 중간에 분수	찬양대 후주	무대 전체 ON

핵심 note

1. 불신자 중에서 가까운 사람을 택하라

가족은 영원한 제1순위 전도 대상자이기 때문에 인척 관계를 가급적 배제한 상태에서 학교나 직장 혹은 여가 활동 등을 통해 정기적으로 자주 만나는 사람을 전도 대상자로 삼는다.

2. 낙심자 중에서 선택하라

교회에서의 인간관계 혹은 믿음 생활에 회의가 들어 교회에 나오지 않고 있는 사람이나 교회에 다니지 않은 채 크리스천이라고 말하는 명목상의 기독교인을 전도 대상자로 택한다.

3. 새가족의 눈높이에 맞춰 기획하고 진행하라

새가족을 위한 행사 및 전도 축제 등은 불신자가 교회의 문턱을 넘게 만드는 중요한 자리이므로 기존 신자의 눈높이가 아니라 철저하게 새가족의 눈높이에 맞춰 모든 행사의 방향을 설정한다.

Chapter 5

새가족 양육 운영 매뉴얼

- 정착부터 신앙 훈련까지 새가족 양육의 모든 것

새가족 영접과 정착

새가족 사역의 특징을 물고기에 비유하자면 그물을 많이 쳐두어서 새가족이 어떻게든 신앙생활을 시작할 수 있게 돕는 것이라고 할 수 있겠다. 그래서 새가족으로 하여금 교회에 쉽게 적응하고 교인들과 어울릴 수 있게 해주는 것이다.

보통 새가족이 교회에 처음 나와서 완전히 정착하기까지는 평균 6주 정도의 시간이 필요하다. 6주 정도 꾸준히 출석하지 못한 새가족들은 교회에 뿌리를 내리기 어렵다. 그러므로 교회 성장을 위해서는 새가족이 빠른 시간 내에 교회에 애정과 흥미를 가질 수 있도록 돕는 것이 중요하다. 가장 이상적인 방법은 6주를 단위로 새가족이 늘 새록새록 매력을 느끼게 만드는 것이다. 이를 위한 효과적인 방법 몇 가지를 소개하겠다.

1. 첫 출석 때 새가족에게 매력을 느끼게 하는 방법

목회자와 조촐한 커피 타임을 마련한다. 이 시간을 새가족에 대한 각별한 관심을 표현할 수 있는 좋은 기회로 삼는다. 함께한 자리에서 사진을 찍은 후 다음 주에 올 때 인화해서 선물하겠다는 뜻을 알린다. 그냥 사진이 아니라 준비된 '6주간의 달력이 있는 사진'을 선물로 전하면서 만남의 고리를 마련하는 것이 필요하다. 여기서 중요한 것은 다른 교회, 세상의 모임과는 차별적인 관계의 고리를 만드는 것이다.

개별적인 서신을 활용하는 것도 효과적이다. 현재 꿈의교회에서는 담임 목사의 이름으로 6주간 편지가 발송된다. 친필은 아니지만 교회에 대한 소개, 여러 가지 신앙의 권면을 담은 편지를 보낸다. 이메일로도 그 범위를 확대할 수 있다.

새가족이 출석할 수 있도록 징검다리를 놓는 것도 중요하다. 즉, 새가족과 긴밀하게 연락이 될 수 있는 교회 식구를 붙여 주는 것이다. 이를 통해 교회 행사, 예배, 안부 등을 묻고 상담해 줄 수 있도록 한다.

마지막으로 소그룹에 포함될 수 있도록 인도한다. 교회 성장학자들은 교인 일곱 명당 한 개의 소그룹이 있어야 이상적 소그룹을 갖춘 교회라고 말한다. 교회 출석 후 4주 이내에 새가족이 소그룹에 포함되도록 하는 것이 관건이다.

이렇게 새가족을 정착시키는 데 가장 중요한 것은 무엇보다도 교회에 대한 첫인상이다. 순간의 선택이 10년을 좌우한다는 광고 문안이 있다. 교회의 첫인상이 그 영혼의 미래를 좌우하는 법이다. 아무리 새가족이 많이 들어와도 그들이 매력을 느낄 만한 교회의 장점을 충분히 전달하지 못하면 소용이 없다.

그러나 새가족이 들어온 다음에 교회의 특징을 알릴 방법을 찾다 보면 이미 때는 늦었다. 그러므로 미리미리 교회의 장점을 찾아두어야 한다. 어려운 이웃을 위한 구제 사업이 훌륭하다면 그 부분을 강조하고, 제자 훈련과 양육에 장점이 있으면 최대한 자랑한다. 다양한 소그룹 활동이나 음악적인 분위기, 활발한 또래 모임이나 취미 활동 등도 새가족에게 호감을 줄 수 있는 부분으로 부각시킬 수 있다. 특히 자녀 교육에 각별한 관심이 있다는 점도 새가족에게 상당한 점수를 얻는다.

각 교회의 장점을 효과적으로 알릴 수 있는 홍보물(소책자, 브로슈어, 짧은 비디오, 신문 기사 스크랩, 설문지 등)을 미리 제작하여 새가족 교육 시간에 보여 주는 것도 좋은 방법이다.

2. 새가족 환영의 밤

새가족 환영의 밤은 분기마다 한 번씩 한 분기 동안 교회에 새로 나온 사람들을 모두 초청하여 공식적으로 교회를 소개하고 환영 행사를 하는 자리다. 이 행사는 기존 교인들의 새가족에 대한 사랑과 관심을 보여 주는 중요한 시간으로서 새가족이지만 교회에 정착하지 못하거나 아직 교회를 결정하지 못한 사람들에게 교회의 긍정적인 영향력을 보여 줄 수 있는 좋은 기회다.

[새가족 환영의 밤 시나리오]

시간	순서	내용	비고
16:40~17:10	등록	•안내[비전센터 현관 → 지하 1층 로비(등록처) → 이벤트실] •참석자 확인, 명찰 교부(지하 1층 로비) •지하 1층 로비에 티 테이블 설치	•장로회 •새가족부 영접 팀 •편지 사역자
17:00~17:10	레크리에이션	찬양, 율동(Ice Breaking)	김보경 목사
17:10~17:15	개회	•대표 기도 : 이학재 장로 •일정 소개 : 사회자 •교회 소개 영상	마이크, 의자 준비 : 한종철, 양지훈 집사
17:15~17:40	축하 공연	•여성 독창 : 10분 •셰퍼드 남성 중창 두 곡 : 최승배, 오형근, 구정식, 한재열, 김영교, 최현창, 이윤정(반주) •새가족부 축하송 : 새가족부 전원	마이크, 의자 준비 : 한종철, 양지훈 집사
17:40~18:00	특강	목회 비전, 새가족 교회 생활	담임 목사
18:00~18:10	교회 소개	•목사, 전도사 소개 : 이동오 목사 •장로, 새가족부원 소개 : 이학재 장로	사회자
18:10~18:10	사진 촬영	2개조씩 촬영 : 담임 목사, 교회 투어 가이드	비전센터 지하 로비
18:10~18:30	교회 투어	이벤트실 → 비전센터(지하 1, 2층) → 드림오피스 → 카페 → 스쿼시실 → 헬스장 → 수영장 → 유아실 → 방송실 → 식당	•안내 : 장로회 일동 •촬영 후 조별 출발
18:30~19:00	식사	•조별 식사(시설 투어 조별 식사) •폐회 및 정리	•식사 서빙 : 아버지 학교 스태프 •설거지 : 새가족부

3. 양육의 새로운 모델

(1) 새가족과의 접촉점을 만든다

교회에 새가족으로 등록하게 되면 예배 시간에 한 사람씩 혹은 한 가족씩 성도들에게 소개한다. 예배 후에는 새가족실에서 영접하는 시간을 갖고 교회에 대한 간단한 소개와 선물 증정, 그리고 사진 촬영과 함께 애찬을 나눈다. 교회에 처음 등록했을 때 가장 먼저 만나게 되는 사람이 새가족부원들이므로 각별히 친절하게 대하며 교회에 대한 좋은 첫인상을 가질 수 있도록 노력한다. 새가족부의 편지 사역자들은 교회에 등록한 주부터 4주에 걸쳐 매주 교회에 온 것을 환영하는 편지를 보내 등록에 대한 감사의 말과 안부를 전한다. 편지는 초신자와 기신자로 나눠서 보내게 되는데 새가족들에게 교회에 대한 긍정적인 느낌을 갖게 하는 계기로 삼는다. 그리고 첫 심방을 신속하게 연결하여 교회에 대한 소속감을 갖게 한다.

(2) 기초 신앙 교육과 세례로 소속감을 갖게 한다

교회에 처음 출석한 사람들을 대상으로 4주간 기초 신앙 교육을 진행하여 가장 기본적인 신앙의 내용을 알게 한다. 4주간의 교육은 구원의 확신과 신앙생활에 대한 기초적인 지식을 얻게 되는 과정이며, 이후에 있을 평신도 지도자 훈련원의 훈련 과정과 이어진다. 기존의 교인들 중에서도 신앙의 기초적인 내용을 점검하길 원하는 사람들은 이 교육에 함께 참여할 수 있다.

교육 시간은 주일 2부 예배와 4부 예배의 중간 시간을 활용한다.

가장 분주한 시간이기는 하지만 신앙생활을 처음 시작하는 새가족들이 예배를 드릴 수 있는 시간과 연계하여 교육의 기회를 가질 수 있도록 배려하는 것이다. 새가족 가운데 세례를 받지 않은 사람들은 이 기초 신앙 교육을 통해 세례 교육을 대신하게 되며, 세례와 입교의 예식을 통해 교회의 입교인이 된다.

(3) 신앙 훈련으로 은사의 발견과 활용을 돕는다

8주간 진행되는 신앙 훈련을 전 교인의 필수 과정으로 진행하여 신앙 훈련을 통해 교회의 비전을 공유하는 데 목적을 둔다. 그리고 주일반과 평일반을 개설하여 모든 교인이 참여할 수 있도록 한다. 신앙 훈련의 과정을 마친 사람은 이후에 이어지는 제자 훈련과 후원자 훈련을 통해 교회의 리더로 세워진다.

핵심 note

1. 교회의 첫인상을 가꾸라

새가족에게 편안하고 따뜻한 교회의 이미지를 심어 준다. 다른 교인들과 함께 사진을 찍거나 목회자와 커피 타임을 갖게 하는 등의 노력이 필요하다. 이 과정에서 자연스럽게 교회의 장점을 효과적으로 전달할 수 있다.

2. 새가족 환영의 밤을 준비하라

새가족에 대한 공식적인 환영 행사를 가짐으로써 그들에 대한 관심과 사랑을 적극적으로 보여 주며 자연스럽게 기존 교인들과의 교제를 이끌어 나갈 수 있는 장을 마련한다.

3. 기초 신앙 교육과 신앙 훈련의 과정에 참여시켜라

기초 신앙 교육을 통해 새가족이 왜곡 없는 바른 신앙생활을 할 수 있도록 돕는다. 이후에는 신앙 훈련을 통해 자신의 은사를 발견하고 활용할 수 있도록 인도해 주어야 한다.

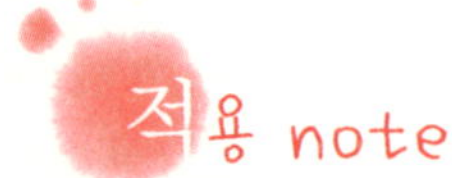

부록 3

새가족 사역 양식 – 영접 멘트와 안부 편지

새가족부의 편지 사역자들도 새가족을 위해
4주간 편지 사역을 실시한다.
누군가 자기를 위해 기도하는 사람이 있다는 사실과
편지를 통해 안부를 챙기는 모습에서
많은 감동을 받게 한다.

꿈의교회의 새가족 사역 시스템

내용		사역 목적과 설명	사역 팀
영접 및 환영		• 낯선 환경을 접한 새가족을 따뜻하게 맞이하고 교회 내로 이끄는 관문 역할을 한다. • 불안과 부적응 상태의 새가족을 편안하게 하고 교회에 관심을 갖도록 보살핀다. • 새가족이 교회의 주인공임을 느끼게 한다.	새가족 영접 팀
정착	새가족부	• 새가족 사역은 일회적이어서는 안 된다. • 새가족이 교회에 뿌리를 내리도록 돕는다. • 다양한 방법으로 새가족 정착을 지원한다.	• 담임 목사의 편지 • 편지 사역 팀
	지역 교회	• 4그물 : 예배, 소그룹(속회, 셀), 양육(훈련), 사역 • 7어부 : 목회자, 바나바, 인도자, 셀 리더(속장), 선교회장, 훈련자, 사역장	지역 교회 목회자 및 각 담당자
양육 및 훈련		• 새가족의 정착은 양육과 사역을 통해 이뤄진다. • 체계적인 양육(훈련) 커리큘럼을 통해 교회의 비전을 공유하고 리더로 세워 나간다. • 1인 1사역을 목적으로 한다.	• 기초 신앙 교육 • 평신도 지도자 훈련원(알파 코스 이후)

새가족 정착의 네 가지 범주

1. 예배의 소중함

예배의 중요성을 강조하며 감동이 있는 예배를 기획하고 새가족들의 눈높이에 맞추는 예배를 위해 힘쓴다.

2. 셀을 통한 영적 성장

셀과 신속하게 연결하여 소그룹(셀, 교회)만의 환영회를 준비하고 셀을 통해 신앙의 성장을 이룬다.

3. 양육의 새로운 모델

새가족과의 접촉점을 만들어 가며 기초 신앙 교육에서부터 세례에 이르기까지 소속감을 갖게 한다. 기초 신앙 교육은 알파 코스부터 시작하여 자신의 은사를 발견하고 그 은사를 활용할 수 있도록 돕는다.

4. 사역을 위한 준비와 참여

체계적인 교육을 통해 교회의 비전을 알게 하고 1인 1사역을 감당하도록 돕는다.

새가족 사역

새가족을 향한 사역은 주일에 있는 새가족 영접과 안내로 시작된다. 교회에 등록하여 꿈의교회의 교인으로 첫발을 내디딜 때 가장 먼저 접하는 부분이다. 그래서 새가족부원들은 교회를 대표한다는 마음으로 사역에 임하고 있다. 늘 단정한 복장과 웃음 띤 얼굴로 우리 교회를 찾는 모든 성도가 편안함을 느낄 수 있도록 노력하고 있다.

영접과 안내를 마치면 새가족을 위한 특별 좌석에서 점심 식사를 제공하며 전 새가족부원이 서빙을 하면서 최대한 편안한 분위기가 되도록 한다.

새가족이 등록한 당일에는 새가족이 편성(소속)되는 각 지역 교회의 담당 목사가 반드시 전화 심방을 하여 등록에 대한 감사 인사를 전하며, 불편 사항을 접수한 후 간단한 근황을 살핀다. 이어서 그 주간에 새가족 심방이 이뤄지도록 담당 전도사가 전화로 심방 약속을 한다.

새가족 심방 때는 새가족과의 연결이 필요한 교구장, 셀 리더, 여선교회장이 반드시 참석하여 정착을 위한 발판을 마련하고, 담임 목사는 매주 등록된 새가족들을 확인하여 직접 작성한 편지를 6주간 발송한다.

새가족부의 편지 사역자들도 새가족을 위해 4주간 편지 사역을 실시한다. 누군가 자기를 위해 기도하는 사람이 있다는 사실과 편지를 통해 안부를 챙기는 모습에서 많은 감동을 받게 한다.

기초 신앙 교육은 새가족이 신앙의 기초적인 내용을 파악하고 교회에 빨리 정착할 수 있도록 돕는 것을 목적으로 한다. 4주간의 과정을 연중 지속적으로 진행하기 때문에 언제든지 교육을 받을 수 있도록 구성되어 있다. 초신자들에게는 기독교 신앙의 기본적인 내용들을 알게 하고 세례 교육을 대신하여 예수를 그리스도로 고백하고 하나님의 자녀로 거듭나는 것을 도와준다.

[별지 1] 새가족 영접

영접 순서	내용	담당
본당 ↓ 영접실로 이동	• 예배 종료 전 본당 앞문과 뒷문에서 각각 두 명씩 어깨띠를 두르고 대기 • 앞문 쪽 대기자(총무)는 목사로부터 새가족 등록 카드 접수 • 예배실 안내 사역 팀으로부터 새가족 인수 후 영접실로 안내 • "반갑습니다. 제가 안내하겠습니다. 함께 내려가시죠."	영접 팀 전원
좌석 안내	• 영접실 정리 정돈, 차와 음료의 사전 준비 완료 • 문 앞에서 "어서 오십시오." 하고 인사한 후 자리를 안내하면서 "다른 새가족이 올 때까지 잠시만 기다려 주십시오."라는 말로 양해를 구함	영접실 준비자
음료 제공	도착한 순서대로 차(음료) 제공	영접 팀(여)
이동 주차 안내	• 이동 주차에 대한 안내 • 이동 주차 대상 차량은 영접 팀원이 차량의 열쇠를 인수하여 이동	영접 인도자 (부장, 팀장)
새가족 카드 확인	새가족 카드의 기재 내용 확인 및 수정 (주소, 생년월일, 세례 유무, 직분, 결혼 여부 등)	영접 인도자
교회 소개 (영접 멘트)	• 환영 인사, 양해 말씀 • 교회 역사와 목회 철학 소개 • 교회 소개(영상) • 부연 설명(레포츠 시설, 지역 교회, 심방, 세례 과정 등 소개) • 예배 안내(주일 예배, 저녁 찬양 예배, 수요 예배, 금요 기도회, 교회 학교) • 새가족 담당 목사 소개	영접 인도자
축복 기도	환영 인사 및 축복 기도	담당 목사
사진 촬영 및 마무리	• 사진 촬영 및 목적 설명(교적부, 사진 액자 제공) • 선물 증정 • 차량 필요자의 거주지까지 차량 운행	촬영 팀
식사 및 배웅	• 모든 소개를 마친 후 식당으로 안내 • 따로 마련된 새가족 전용석에서 식사할 수 있도록 모든 편의를 준비하고 최고의 서비스로 서빙함 • "안녕히 가십시오, 다음 주에 뵙겠습니다."로 배웅 인사	식사 팀

[별지 2] 새가족 영접 멘트

소개 순서	시나리오
환영 인사	• 추운 날씨에도 불구하고 우리 교회를 방문하여 새가족이 되신 것을 진심으로 환영하고 감사드립니다. • 저는 새가족부에서 사역하고 있는 OOO 권사입니다. • 먼저 양해 말씀을 드리겠습니다. 담임 목사님이 여러분을 환영하고 축복하는 것이 마땅하지만 우리 교회는 모든 사역이 평신도를 중심으로 이루어지고, 또 담임 목사님은 다음 예배가 있기에 제가 대신하는 것을 양해하시기 바랍니다.
교회 역사 및 목회 철학	• 우리 교회의 역사를 말하자면 기독교대한감리회 소속 교회로서 창립 16년이 되었습니다. 16년 전 담임 목사님이 본오동에 개척을 하시면서 안산에서 목회가 시작되었고, 이곳으로 이전한 지는 올해로 7년째입니다. • 우리 교회의 목회 철학은 '불신자가 좋아하는 교회, 남자들이 좋아하는 교회, 젊은이가 좋아하는 교회' 입니다. • 이렇게 좋은 교회의 한 가족이 되신 것을 다시 한 번 축하드리며 우리 교회에서 신앙의 성장과 큰 축복을 누리시기 바랍니다.
교회 소개 영상	준비된 영상을 통해 우리 교회에 대한 자세한 소개와 비전을 보겠습니다.
추가 설명 (레포츠 시설, 비전센터, 지역 교회, 속회 모임)	• 우리 교회의 명칭은 아시는 대로 '꿈의교회' 입니다. 이름과 레포츠 시설로 인해 사람들이 교회를 오해하는 경우가 많은데, 이러한 시설들은 영리 목적이 아닌 지역 선교를 위한 것입니다. • 또한 비전센터인 이곳 강의실은 주 중에 많은 문화 센터의 강좌가 운영되고 있으며, 주일에는 모든 시설이 교회 학교 교육의 장으로 활용되고 있습니다. • 우리 교회는 감리 교회이므로 속회(셀) 모임을 강조합니다. • 안산을 6개 권역으로 구분하여 각 권역마다 담당 목사님이 계시며, 지역 교회별 속회(셀)가 잘 구성되어 있습니다. 이번 주 중에 지역 담당 목사님과 전도사님, 속장님이 여러분의 가정을 심방하셔서 보다 자세히 교회를 소개하고 여러분의 기도 제목을 나누는 시간을 가질 것입니다.
예배 안내	또한 모든 예배가 찬양, 말씀, 기도를 중심으로 은혜가 넘칩니다. 주일 예배, 저녁 찬양 예배, 수요 예배, 금요 심야 예배 등 모든 예배에 열심히 참석하시면 큰 은혜와 감동을 누릴 수 있습니다.
축복 기도	다음으로 새가족을 담당하시는 OOO 목사님이 여러분을 위해 축복 기도를 드리겠습니다.

새가족 편지 사역

1. 편지 사역자의 새가족 편지

|편지 1주차|

*주제 : 신앙생활의 유익-축복+웰빙(전인적 건강)

사랑하는 ○○○ 님, 한 주간 평안하셨는지요?

담임 목사님의 두 통의 편지를 받으시고 많은 은혜의 감동이 있으셨으리라 생각됩니다. 고생이라고는 모르고 사셨을 것 같은 외모와 인상의 담임 목사님에게 어찌 그런 일이 일어났을까요? 그런 가운데서도 목사님을 붙들어 주시고 자녀 삼아 큰 일꾼으로 만들어 주신 하나님을 저도 꼭 만나보고 싶었습니다. 그리고 이렇게 꿈의 교회에서 그 하나님을 만나며 살고 있습니다.

무슨 일을 시작하든지 첫발을 내딛는 것은 누구에게나 참으로 어려운 일입니다. 더욱이 교회로 향하는 발걸음은 더욱 쉽지 않았을 것입니다. 그러나 이제부터 여기 꿈의교회에 디딘 첫걸음을 시작으로 하나님께 더욱 가까이 갈 수 있다면 더 바랄 것이 없겠습니다.

그래서 감히 부탁드리고 싶은 것이 다름 아닌 꾸준히 예배에 참석하셔서 하나님의 축복을 받으시는 것입니다. 신앙생활을 하면서 저의 생각과 행동 그리고 삶의 많은 부분들이 긍정적으로 변화하고 있는데, 이것이 바로 축복입니다. 몸이 건강해지고, 생활이 윤택해지며, 올바른 습관을 갖게 되고, 가정의 분위기가 좋아지며, 가족을 향한 태도와 비전이 달라짐을 분명히 느끼시게 될 것입니다. 교회에 나온다는 것은 단순히 보이는 부분만이 아니라 보이지 않는 나의 전 생애에 주시는 하나님의 축복인 것 같습니다.

아무쪼록 ○○○ 님도 하나님이 주시는 축복의 주인공이 되기를 간절히 소망합니다.

년 월 일

새가족부 ○○○ 집사(권사)

|편지 2주차|

*주제 : 꿈의교회 예배 소개–축복의 통로

사랑하는 ○○○ 님, 샬롬!

샬롬이라는 말은 '하나님이 주시는 평화가 당신에게 있기를 빕니다.'라는 뜻입니다.

벌써 오곡이 무르익는 가을이 다가왔습니다. 언제 그렇게 더웠나 싶게 서늘한 바람이 기분까지 상쾌하게 해줍니다.

오늘은 우리 교회의 예배에 대해 소개하겠습니다. 아직은 낯선 장소에 모르는 사람들뿐이라 서먹하고 다소 불편하실 것입니다. 처음에는 누구나 그러하니 너무 걱정하지 마세요. 예배에 꾸준히 참석하다 보면 자연스럽게 익숙해진답니다.

우리 교회는 예배 시간마다 고유한 개성이 있어서 각각 독특한 맛이 있습니다. ○○○ 님이 매주 나오시는 '주일 낮 예배'는 가장 대중적이고 쉽고 편안한 설교와 예배로 구성되어 있습니다. 특히 남자분들이 많이 좋아하십니다.

그리고 '주일 저녁 예배' 때는 마치 콘서트장에 온 듯한 착각이 들 정도로 찬양과 감동이 가득한 예배를 드립니다.

매주 수요일에는 오전과 저녁에 '수요 예배'가 있는데, 이때는 성경 말씀을 배우고 공부하는 예배를 드립니다.

금요일 저녁 10시에 있는 '금요 심야 기도회'는 일주일의 삶을 정리하면서 하나님을 만나기 위해 뜨겁게 부르짖고 기도하는 시간입니다. 제 경우에는 한 주간의 스트레스가 이때 다 풀리는 것을 경험하곤 합니다.

매일 새벽마다 '새벽 기도회'가 있는데, 특히 중요한 것은 전 교인이 매월 1일부터 7일까지 새벽에 본당에서 실시하는 '여리고 특별 새벽 기도회'입니다. 목사님의 안수 기도를 받고 작정 기도를 하면서 많은 응답과 치유를 경험하게 됩니다. 특별히 우리 교회에서는 '성찬식'을 이 주간(1~7일 사이)에 실시합니다.

이것 외에도 자녀들을 위한 예배와 교육, 장애인들을 위한 예배 등이 풍성하게 마련되어 있습니다.

지금 제가 간절히 바라는 것은 예배를 통해 ○○○ 님의 믿음이 자라고 삶이 윤택해지는 것입니다. 이는 예배가 축복의 통로이기 때문입니다. ○○○ 님의 신앙생활과 사회생활이 균형을 이루는 것은 매우 중요한 일입니다. 다양한 예배 속에서 그 균형을 찾아가는 노력이 계속 이어지기를 간절히 바랍니다.

그럼 한 주 내내 건강하시고, 하나님과 늘 동행하십시오.

년 월 일

새가족부 ○○○ 집사(권사)

|편지 3주차|

*주제 : 교회 사역 및 셀 소개—참여의 기쁨

이번 주에도 주님 안에서 기쁨의 시간을 보내셨는지요? 교회에 출석하면서 어려움은 없으신지요? 혹시 교회에 아는 분도 없고 관심 가져 주는 분도 없다는 생각에 서운하지는 않으셨는지 염려스럽습니다.

우리 교회는 그런 부분을 보완하고자 규모는 크지만 작은 교회로서의 따뜻함과 사랑을 나누기 위해 매주 '셀 모임'을 갖고 있습니다. 셀 모임은 가족처럼 성도들이 모여서 교제하고 서로의 삶을 인격적으로 나누며 함께 돕는 자리입니다. 많은 성도들이 바쁜 중에도 서로의 가정에 모여 행복을 경험하고 있습니다. ○○○ 님은 어떻게 생각하시는지요? 부담스럽게 해드릴 의도는 전혀 없으나, 무엇보다도 ○○○ 님 자신을 위해서 셀 모임을 적극 추천하고 싶습니다.

그리고 또 하나, 우리 교회는 하나님이 주신 각자의 능력과 재능(달란트), 관심 분야를 존중하고 인정해 주는 교회입니다. 그 어떤 것도 억지로 강요하지 않습니다. ○○○ 님이 참고하시면 좋을 듯 하여 몇 가지 소개해 드리겠습니다.

봉사 분야에는 교사, 찬양대, 예배 및 주차 안내, 새가족 안내, 차량 운행, 의료 및 이미용 등이 있습니다. 물론 저와 같이 새가족들에게 편지를 보내는 사역에 동참해 주시면 저로서는 더더욱 기쁠 것입니다.

전도와 선교 분야에 관심이 있다면 70인 전도대나 병원 선교회, 전철역 선교 또는 국내 및 세계 선교회에 문의하시면 됩니다.

물론 이 외에 본인의 취미를 살릴 수 있는 축구, 탁구, 당구, 등산 등 동호회 성격의 선교회도 많이 있습니다. 참여 방법에 대해 ○○○ 님의 담당 목회자에게 문의하시면 자세히 안내해 드릴 것입니다. ○○○ 님이 원한다면 꼭 참여해 보시기 바랍니다. 교회에 나오는 기쁨이 몇 배는 커지리라 보장할 수 있습니다.

이제 서신으로는 마지막 인사가 될 것 같습니다. ○○○ 님이 꿈의교회의 가족으로서 진정한 소속감을 가지고 만족을 느끼며 신앙생활을 하시는 것이 저의 간절한 바람입니다. 부디 교회의 여러 곳에서 만날 수 있기를 기원합니다.

○○○ 님, 주님의 이름으로 사랑합니다.

년 월 일

새가족부 ○○○ 집사(권사)

2. 담임 목사의 새가족 편지

|편지 1주차|

○○○ 님께

안녕하세요. 저는 꿈의교회의 담임 목사인 김학중입니다.

특별히 ○○○ 님을 하나님이 꿈의교회로 부르셔서 이렇게 우리와 가족이 되신 것을 진심으로 축하하며 환영합니다. 정말 잘 오셨습니다.

이제 장마도 끝나고 본격적인 여름이 시작되고 있습니다. 여름의 무더위를 저와 함께 꿈의교회에서 시원하게 날려 버리시길 바라는 마음입니다.

꿈의교회는 개척한 지 16년밖에 되지 않는 짧은 역사를 가지고 있습니다. 그런데 이렇게 교회가 부흥하기까지는 저를 향한 하나님의 특별한 인도하심이 있었습니다.

어린 시절 저는 부유한 가정에서 태어났습니다. 그러나 오래지 않아 아버지의 도박벽과 사업 실패로 인해 외가로 야반도주하여 그때부터 어려운 시절을 보냈습니다. 술에 의지해 하루하루를 보내던 아버지는 점점 폐인이 되셨고, 급기야 어머니가 생계를 이어 가기 위해 온갖 궂은일을 하셔야 했습니다. 어머니는 시장 튀김집의 야채를 썰어 주는 일로 얼마간 돈을 받아 오시곤 했습니다. 비가 내리던 어느 날, 어머니는 고무 슬리퍼를 신은 채 머리에 한 아름 야채를 이고 튀김집에 들어서다가 그만 미끄러지면서 옆에 있던 끓는 기름통에 넘어져 온몸에 화상을 입는 사고를 당하셨습니다. 천만다행으로 목숨은 건지셨지만 온몸에 실오라기 하나 걸치지 못하고 비명을 지르며 수년을 병상에서 지내시게 되었습니다. 그때 제 나이가 열한 살이었습니다.

이후 저는 청소와 설거지 등 온갖 살림에 어머니 병간호까지……. 그렇게 3년을 보냈습니다. 저는 부모의 사랑을 듬뿍 받아야 할 나이에 어머니와 동생까지 책임져야 하는 어른 아닌 어른이 되어 가고 있었습니다. 그때 부모님의 사랑이 너무 그리워 찾아간 곳이 바로 교회였습니다.

누구 하나 다정하게 내 이름을 불러 주지 않던 시절, 교회는 제게 사랑을 주고 저를 인정해 주는 유일한 곳이었습니다. 어느 날 저녁, 교회에 들렀는데 흐느끼는 소리가 들렸습니다. 자세히 들어 보니 선생님의 기도 소리였습니다. 선생님은 "학중이를 인도해 주세요. 학중이의 가족을 지켜 주세요." 하며 간절히 기도하고 계셨습니다. 그때 저는 하나님의 살아 계심을 알게 되었고 저를 향한 사랑을 만났습니다. 그날 이후 저는 하나님께 완전히 붙잡힌 삶을 살게 되었고 지금까지 하나님의 품 안에 거하며 행복하게 살고 있습니다.

○○○ 님은 어떠셨나요? 저의 하나님이 당신의 하나님이십니다. 더 이상 인생의 방황, 신앙의 방황이 없기를 원합니다. 사랑하는 ○○○ 님, 저와 함께 하나님 안에서 동행하는 삶을 함께 누리시기 바랍니다.

이번 한 주간 주님 안에서 평안하시고, 다음 주에도 꼭 만나 뵐 수 있기를 기대하겠습니다.

더운 여름에 건강 유의하십시오.

주님과 동행하기에 행복한 김학중 목사 올림

|편지 2주차|

○○○ 님께

○○○ 님, 지난 한 주도 행복하셨는지요?

본격적인 무더위가 우리의 몸과 마음을 피곤하게 하고 있습니다. 더위는 사람을 체력적으로 지치게 할 뿐만 아니라 생각까지도 나태하게 만듭니다. 적당한 운동이나 산책으로 건강한 여름을 보내시기 바랍니다.

지난 편지에 소개된 저의 어린 시절 이야기를 듣고 어떠셨는지 모르겠습니다. 사실 제 인생에서 감추고 싶고 지우고 싶은 부분입니다. 세상에는 말 못할 고민과 남모를 아픔을 안고 살아가는 사람들이 너무도 많은 것 같습니다.

이곳 안산이 특히나 그랬습니다. 제가 처음 교회를 개척하여 시작할 당시만 해도 대부분의 사람들이 고향을 떠나오거나 이런저런 이유로 낙향한 처지들이었습니다. 그랬기에 그런 그들 모두가 안팎으로 많은 상처를 안은 채 낯선 환경에 적응하며 살아가야 했습니다. 아마도 주님은 그들을 위해 저를 안산으로 보내셨던 것 같습니다. 저 역시 많은 상처와 고통 가운데 살아왔기에 누구보다 그들의 마음을 잘 알고 상처를 따뜻하게 보듬어 줄 수 있다고 여기셔서 꿈의교회를 통해 목회하게 하신 것 같습니다.

그래서 저는 고향을 떠나온 사람들에게는 '따뜻한 만남이 있는 교회'를, 절망적인 사람들에게는 '삶에 희망을 주는 교회'를, 젊은이들에게는 '기쁨과 축제가 있는 교회'를 만들어야겠다고 생각하여 오늘의 꿈의교회에 이르게 되었습니다. 단순히 성도들을 위한 위로와 내면의 치료만을 생각하는 것이 아니라 내 인생에 주시는 하나님의 비전을 품고 재도약하는 성도들이 되기를 날마다 꿈꿉니다. 바로 오늘 ○○○ 님이 제 꿈의 주인공이 되셨습니다.

잠언을 보면 꿈이 없는 백성은 망한다고 했습니다. 저와 함께 이 꿈의교회에서 하나님과 동행하는 꿈을 꾸십시오. ○○○ 님을 향해 부어 주시는 하나님의 꿈이 이뤄지기까지 함께하고 싶습니다. ○○○ 님을 끌어안고 기도하고 싶습니다. ○○○ 님, 모든 세상의 무거운 짐을 내려놓고 꿈의교회에서 편히 쉬십시오. 치유되고 회복되십시오. 그리고 일어나십시오. 저와 손을 맞잡고 어깨동무하며 달려 나갑시다. 주님은 언제나 당신 곁에서 울타리가 되어 주실 것입니다.

우리 교회 마당의 성전 건축 현장을 보셨는지요? 지금은 비록 앙상한 철근 뼈대만이 올라가고 있지만 가까운 날에 참으로 아름답고 멋진 교회 본당의 모습이 드러날 것입니다.

○○○ 님의 하나님을 향한 믿음도 꿈의교회에서 신실하고 단단

한 반석으로 자리 잡아 가기를 바라며 기도합니다. 그리고 이 교회의 주춧돌 역할을 감당하는 ○○○ 님이 되시기를 기원합니다.

더운 여름에 건강 유의하시고 밝은 모습으로 교회에서 다시 뵙기를 바랍니다.

○○○ 님과 동고동락하고픈 김학중 목사 올림

핵심 note

1. 감동을 주라

새가족들에게 편지를 발송한다. 교회에 대한 소개, 신앙의 권면, 새가족을 위한 기도를 담은 편지는 불신자들의 마음이 교회로 향하도록 돕는다.

2. 친구를 만들어 주라

새가족에게 교회 행사, 예배, 안부 등을 묻고 신앙에 대해서도 상담해 줄 수 있는 친구를 만들어 준다. 새가족과 긴밀히 연락하며 신앙생활의 친구가 될 수 있게 하는 것이 중요하다.

3. 교회의 헌신자로 키우라

교회의 양육과 체계적인 교육을 통해 새가족이 단순히 구원의 확신에 머무는 것이 아니라 자신의 비전을 확인하고 교회 내에서 그 비전을 이뤄 나갈 수 있는 방법을 찾도록 돕는다.

적용 note

에/필/로/그

'차별화 목회'로 교회의 강점을 더욱 강화하십시오

최근 한국 교회는 심각한 정체 현상을 보이고 있습니다. 대부분의 교회들이 성장하지 못하고 있습니다. 교회가 '성장하지 못한다.' 라는 것은 예수 그리스도의 지상 명령을 온전히 수행하지 못하고 있음을 의미합니다. 이런 현상은 사회적 변화, 가령 전반적인 출생률의 감소 등을 원인으로 볼 수 있습니다.

그러나 좀 더 심층적인 원인을 묻는다면, 이제까지 오랜 세월 동안 교회만이 수행할 수 있었던 위로, 도움, 안정, 긴장 해소의 기능들을 대신해 주는 대행 시스템의 발달에서도 그 원인을 찾을 수 있습니다. 게다가 오늘날 선택할 수 있는 종교 중에서 기독교를 선호하는 비율 또한 하락하고 있다고 합니다. 이와 같은 지금의 상황은 목회적 차원에서 세 가지로 요약할 수 있습니다.

첫째, 복음과 문화를 접목시키지 못하면서 문화적으로 우월한 종교나 유사 종교에 교인 혹은 잠재적 교인들을 빼앗기게 되었습니다. 대중 영성 전문가나 오프라 윈프리 같은 저명인사 혹은 대중문화와 인기 연예인, 스포츠 스타들의 말이 예수님의 말씀보다 더 영향력을 미치는 사회 속에서 교회는 당황해 하며 적절한 자기 역할을 찾지 못하고 있습니다. 즉, 시대의 문화적 경향(트렌드)을 읽어내지 못하면서 불신자는 물론이고 기존 신자들도 방황하게 만들고 있습니다.

둘째, 목회 리더십의 문제입니다. 세상은 더 이상 학력이나 기존의 권위로 리더를 뽑지 않습니다. 그보다는 전문성과 리더십을 갖춘 사람을 세우게 되는데, 한 명의 목사에게 집약된 교회 리더십은 젊은 세대에게 호응을 얻지 못하고 있는 것이 또 하나의 원인입니다.

셋째, 축제적 요소의 결핍입니다. 현대인들이 모이는 곳은 재미와 의미가 함께 있어야 합니다. 교회와 예배 안에 영성적 행위와 함께 그것을 표현할 수 있는 감동이 포함되어 있어야 한다는 뜻입니다. 종교적 의미(신앙의 전통)를 제시하는 것만으로 감동을 이끌어 내던 시대는 이미 지났습니다. 불신자들이 더 이상 전도되지 않는 이유는 교회에 나와도 '의미 있는 즐거움'을 찾지 못하기 때문입니다.

물론 위의 세 가지 문제점 말고도 교회 성장을 방해하는 요인들은 얼마든지 있습니다. 그러나 저는 목회 초기부터 이 세 가지 문제점을 놓고 대안적 목회 방안을 찾아보았습니다. 그것을 한마디로 표현하자면 '차별화 목회'라고 할 수 있겠습니다. 처음은 누구나 작습니다. 그래서 약점도 있고 한계도 있지만 그것을 보완하기보다는 우리만이 가질 수 있는 강점을 찾기 위해 노력했습니다.

'차별화 목회' 란 강점을 찾아 더 강화하는 것입니다. 그래서 다른 교회와는 구별된 특징을 가진 목회를 하는 것입니다. 이를 위해 목회자가 먼저 준비되어야 하는 부분이 있습니다. 그것은 바로 교회는 목사 혼자만의 헌신과 열정으로 성장하지 않는다는 사고방식입니다.

목회, 분명한 목적의식을 공유하라 – 좋은 동역자를 세우라

한마디로 목회는 혼자 하는 것이 아닙니다. 좋은 동역자가 필요합니다. 예수님이 이 땅에 오셔서 행하신 사역을 크게 두 종류로 나눠 보면 하나는 복음을 선포하신 것이고, 다른 하나는 사람을 세우는 것이었습니다. 목회 세미나나 그 밖의 많은 아이디어를 가졌음에도 불구하고 교회가 부흥하지 못하는 것은 대개의 경우 동역자를 세우는 데 실패했기 때문입니다. 아무리 좋은 비전도 공유하지 않으면 한 사람의 계획으로 끝나기가 쉽습니다. 일반적으로 교회에서 실패한 프로그램들 대부분은 공유에 실패했기 때문입니다.

우리 교회는 처음부터 '팀 목회'를 시도해 오고 있습니다. 목회자마다 가진 달란트와 은사를 충분히 살려 주는 목회를 지향하는 것입니다. 각자의 영역에서 목사들이 맡은 역할에 따라 책임 있게 비전을 이루며 사역을 해오고 있습니다.

즉, 인사권과 재정 사용 권한을 부담임 목회자와 담당 목회자들에게 상당 부분 위임했습니다. 예를 들어 교구를 담당하는 목사가 교구 전도사와 교구장, 속장을 임명하고 통솔하게 했습니다. 때로는 담임 목사의 의견과 조율이 필요한 인사 조치도 있었지만 언제나 담당 목회자의 의견을 가장 많이 반영하는 목회를 지향하고 있습니다. 조직의 인사를 맡긴다는 것은 목회의 자율권을 부여한다는 의미가 있습니다. 자율권이 보장되어야 창의적이고 헌신적인 목회가 가능하기 때문입니다.

재정을 사용하는 권한도 담당 목회자에게 있습니다. 한번은 청소년부를 담당하는 한 전도사님이 아침 조회에 조금 늦게 들어왔습니다. 이유를 물은즉, 그때가 고교 입시철이어서 안산에 있는 중학교 3학년 학생들이 시험을 잘 치르기를 바라는 뜻으로 음료수 5천 병을 학교마다 전달하면서 교회 청소년부를 홍보하고 왔다고 했습니다. 그래서 비용이 얼마나 들었는지 묻자 시중가 500만 원이라는 것이었습니다. 너무 놀란 나머지 어떻게 그 돈을 마련했냐고 물었더니, 교회가 청소년부에 할당하는 예산에서 일정 부분을 사용하고 유통 업체와의 직거래, 교사들의 기부금 등으로 충당할 수 있었다고 합니다. 그러면서 학교 사역은 청소년부의 선교 전략적 차원에서 꼭 필요한 일이었다고 덧붙였습니다. 그 일은 고액이 지출된 비교적 비중이 큰 일이었지만 어떤 효과가 있었으며 어떻게 평가할지는 담당 목회자의 몫으로 남겨 두었습니다. 그것은 권한을 가진 목회자의 선택이었기 때문에 담임 목사로서도 그의 역할을 존중해 주었습니다.

물론 담임 목사의 권한을 부담임 목사와 담당 목회자에게 위임한다고 해서 모든 일이 항상 성공하는 것은 아닙니다. 시행착오도 있고 때론 성도들의 반발도 있지만 고비 고비마다 동역자들을 신뢰하고 비전을 공유해 나가면서 사람이 계산하지 못하는 더욱 큰 열매를 경험하고 있습니다.

이에 더하여 평신도 지도자의 위치를 확장해 가고 있습니다. 일반적으로 목회자가 결정해야 할 영역들을 평신도에게 위임하는 것입니다.

예를 들면 우리 교회에서는 평신도 중에 교육 전문가 한 분이 교회 학교를 맡아 재정 정책, 교육 프로그램, 교사 양육 분야에서 지도력을 발휘하며 사역하고 있습니다.

단기적 교회 행사와 프로젝트에서도 리더십이 평신도에게 이양되고 있습니다. 훈련되고 헌신된 평신도는 충분한 자격이 있기 때문입니다.

또한 평신도들은 신앙 훈련은 물론이고 특정 분야에서도 문화적 자질이나 전문성이 목회자들보다 뛰어난 경우가 많습니다.

꿈의교회는 지역 선교 사역 중에서 수년 전부터 장애인을 위한 예배 사역을 진행해 오고 있습니다. 처음에는 장애의 특성과 상황을 고려해야 하기 때문에 목회자들도 쉽게 접근할 수 없었습니다. 이 사역을 시작하면서 준비할 것이 많았는데, 교인들 중에 자녀가 장애아인 부모들이 자신들의 아픈 경험을 털어놓으며 꼭 알아야 할 소중한 정보들을 성심껏 제공해 주었고, 장애인 사역에 소명이 있는 교우들과 청년들이 힘을 모아 마침내 출발할 수 있었습니다.

특히 전도 부분에서 지도자가 된 평신도들의 성과는 놀랄 정도입니다. 목회자는 늘 성도들과 만나지만 평신도는 매일 불신자들과 만나며 생활합니다. 그리고 전도 지도자로 훈련 받은 사람들은 복음을 전하고 불신자들을 교회에 나오게 하는 일에 자연스럽게 열심을 갖게 됩니다. 교회의 구성원 대다수가 평신도인 점을 감안할 때 그들의 지도력을 개발하는 것이 목회자의 중요한 사역이 되어야 할 것입니다.

김 학 중 목사(꿈의교회 담임목사)

교회성장연구소 전도 Collection
이미지로 전도하는 꿈의교회

초판 1쇄 발행 2010년 1월 12일
초판 4쇄 발행 2010년 11월 18일
엮은이 교회성장연구소 월간 「교회성장」 편집부
펴낸곳 교회성장연구소
발행인 이영훈
편집인 이장석
편집장 이봉연
기획 및 편집 최진영, 곽은애
교정 교열 박부연
디자인 김정은
마케팅 팀장 이승조
마케팅 김성경
등록번호 제12-177호
주소 서울시 영등포구 여의도동 11-14 영산복지센터 8층
전화 02-2036-7936
팩스 02-2036-7910
웹 사이트 www.pastor21.net
책 가격은 뒤표지에 있습니다.

ISBN : 978-89-8304-149-4 03230